En cuisine et en salle
Français professionnel

**Vera Bencini - Monique Paola Cangioli
Francesca Naldini - Aurélie Paris**

Guide pédagogique

CLE
INTERNATIONAL
WWW.CLE-INTER.COM

Direction de la production éditoriale : Béatrice Rego
Édition : Virginie Poitrasson
Marketing : Thierry Lucas
Mise en pages : Michel Ganne
Couverture : Dagmar Stahringer
Enregistrement : Vincent Bund
© CLE International, 2016
ISBN : 978-209-0386783

Table des matières

Corrigés des exercices

Tests d'écoute et contrôles

Examens et certifications

Corrigés

Habitudes alimentaires

Leçon 01 — Les habitudes alimentaires des pays francophones

1.
1. Gueuselambix = gueuse Lambic, marque de bière belge.
2. Par hasard : un romain faisait frire de l'huile, Gueuselambix s'approche, le romain s'évanouit (il tombe dans les pommes), et le chef belge se rend compte qu'on peut frire des pommes de terre.
3. Les choux de Bruxelles.
4. Un petit bout de pain.
5. Obélix ne l'aime pas parce qu'il y a trop de trous.
6. Déjeuner, dîner et souper.
7. Non, il est très copieux. Sur la table il y a une grande quantité de nourriture.
8. Obélix trouve des moules accrochées à une planche d'un bateau et Gueuselambix, encore une fois, imagine qu'on pourra les accompagner de frites.

2. *Spécialités sucrées* : sirop d'érable, canneberges, bleuets, tarte au sucre, cidre de glace.
Spécialités salées : poutine, pâté chinois, creton, smoked meat.

3. *Entrées* : boudins blancs/noirs, accras.
Viande : colombo.
Boisson : Ti-punch.

4. L'apéritif est une boisson (alcoolisée ou non) qui se sert avant les repas principaux et qui normalement est accompagnée d'amuse-gueules salés.

5. 1F - 2? - 3V - 4F - 5V

6.
1. Il représente une nouvelle tendance qui se développe de plus en plus en France, comme en Italie.
2. Parce qu'il est lié au manque de temps, qui caractérise la vie moderne.
3. Non, il ne faut pas beaucoup de temps.
4. On peut préparer des cakes ou des tartes, en version salée ou sucrée.
5. Chez les jeunes et les étudiants.
6. Dans des bars ou des cafés.

7. *Suggestions*
Salut !
Mes parents sont enfin partis et je peux organiser une soirée chez moi. Pour bien commencer la fête, j'ai prévu un apéro dînatoire. Si vous venez, envoyez-moi une confirmation et préparez un plat ou apportez une bouteille de vin ou du coca.
À plus !
Luc

8. *Suggestions*
Alain : Qu'est-ce qu'on peut préparer avec 50 euros ?
Vous : Nous sommes 7 et nous devons acheter au moins 2 bouteilles de vin, un blanc et un rouge. Il faut aussi acheter du coca et des jus de fruits pour Alice et Robert qui ne boivent pas de vin.
Alain : Puis nous devons préparer des plats sans viande pour Catherine qui est végétarienne.
Vous : J'ai trouvé une solution ! Nous allons préparer beaucoup de pâtes et de riz. Ces plats remplissent l'estomac et ne sont pas chers.
Alain : C'est génial : pâtes aux champignons et crème fraîche, pâtes sauce tomate, riz et lentilles, riz et crevettes, et puis quelques sauces à étaler sur des tranches de pain.

Grammaire

1.
1. Qu'est-ce qu'il **a** ? Il **est** malade ?
2. Ils **sont** plongeurs.
3. Elle **a** les cheveux blonds.
4. Je **suis** en retard ?
5. Vous **avez** soif ?
6. Elles **sont** espagnoles.

2.
1. est - 2. êtes - 3. avons - 4. sont - 5. ont - 6. ai - 7. es - 8. ont - 9. avons - 10. êtes

3.
1. Son père **habite** actuellement à Rouen.
2. Tu **aimes** voyager.
3. Elles **travaillent** à Nice depuis un an.
4. Nous **nous appelons** Pierre, tous les deux.
5. J'**ai travaillé** à Rome il y a deux ans.
6. Tu **as habité** à Londres, l'année dernière ?
7. Ils **cuisinent** très bien.
8. Vous **parlez** maintenant au maître d'hôtel.
9. Elle **pense** à son avenir.
8. Hier j'**ai préparé** une tarte.

4.
1. parlons
2. travaillez
3. habite
4. fréquente
5. prépares
6. a cuisiné
7. ont déjeuné
8. commande
9. avez invité
10. m'appelle

5.
Dans le restaurant d'un hôtel, un chef établit le menu de la semaine avec le maître pour des clients un peu difficiles.
« Pour le menu de cette semaine, il faut proposer **des** plats nouveaux : la plupart des clients ne mangent pas **de** viande, alors, il faut proposer autre chose, **du** poisson, par exemple. S'ils ne mangent ni viande ni poisson, il faudra préparer **des** plats avec **des** légumes. Il faut se rappeler, qu'on doit demander s'ils veulent **des** plats sans sel et proposer une carte des desserts avec **des** gâteaux avec peu **de** sucre. »

6.
1d - 2a - 3f - 4b - 5c - 6e

Fiche métier

1.
Un professionnel de la santé expert en nutrition et alimentation. Il délivre des conseils nutritionnels. Une éducation nutritionnelle optimale. Il participe également au contrôle qualité des aliments et des préparations culinaires dont il assure l'équilibre nutritionnel tout en respectant les règles d'hygiène. Établissement des plans alimentaires en vue de la réalisation du cahier des charges de la restauration Information, formation et éducation à l'alimentation, la nutrition et à la diététique du patient et de sa famille, des professionnels de santé, de restauration, des étudiants et du grand public. Coordination des actions et de l'information nutrition entre les services cliniques, les patients et l'équipe de restauration. Gestion des produits diététiques (commandes, stocks), recensement des besoins pour la commande de repas. Vérification et contrôle des produits, matériels et dispositifs médicaux.

2. Le diététicien est / le diététicien a été ; Il collabore / il a collaboré ; il délivre / il a délivré ; il dispense / il a dispensé ; Il participe / il a participé ; il assure / il a assuré; ses tâches sont / ses tâches ont été

3. Recensement - masculin - recenser ; Soin - masculin - soigner ; Information - féminin - informer; Restauration - féminin - restaurer ; Gestion - féminin - gérer

Entraînement aux examens professionnels

Écouter

1. Transcription 🎧 piste 1

Michel : Alors, Julie, qu'est-ce qu'on se prépare ?

Julie : Ben, à vrai dire, je ne sais pas, je n'ai pas trop faim !

Michel : Écoute, ne commence pas comme ça parce qu'avec moi, ça ne marche pas !

Julie : Mais, non, mais non, ne te fais pas de soucis, je ne me prive pas de nourriture ! Seulement, je n'aime pas manger de la viande ou de la charcuterie...

Michel : Tu aimes le poisson ? Je pourrais nous faire rapidement une dorade au citron et au romarin...

Julie : Non, Michel, on n'a pas le temps, il faut retourner au travail à 14 heures ! Tu as de la salade et du fromage ?

Michel : Oui... et aussi des tomates... et, si tu veux, des noix et du pain aussi.

Julie : Je ne sais pas toi, mais j'en mange très peu. Et des fruits, tu en as ?

Michel : Oui, j'ai des pommes et de l'ananas...

Julie : Parfait ! On va se faire une salade composée et une salade de fruits ! Et... tu as de l'eau ?

Michel : Oui, mais de l'eau plate...

Julie : D'accord, pas de problème !

Michel : Et, si tu veux, j'ai du café italien et une tablette de chocolat noir...

Julie : Ben, si je ne mange pas trop je vais prendre aussi un morceau de chocolat.

Michel : Heureusement que tu n'avais pas faim...

Julie : Ne rigole pas, j'essaie seulement de manger équilibré.

Solutions : 1F - 2F - 3F - 4. 14 heures - 5c - 6. de l'eau plate et un café - 7. équilibré

Lire

2.

1F - *Justification* : Chez les femmes, une consommation régulière de café réduirait les risques de cancer de la peau d'environ 20%. Chez les hommes, ce risque ne diminue que de 9%.

2F - *Justification* : Une forme de cancer de la peau assez diffusée et fréquente.

3V - *Justification* : C'est la caféine l'agent qui protège contre ces tumeurs de la peau.

4F - *Justification* : Les personnes qui boivent du café décaféiné ne peuvent compter sur aucun agent protecteur.

5F - *Justification* : La caféine ne protège pas contre

tout autre cancer de la peau.

6V - *Justification* : Leurs conclusions pourraient avoir un réel impact sur la société.

Écrire

3. 1i - 2f - 3a - 4j - 5d - 6c - 7n - 8m - 9g - 10l - 11b - 12k - 13e - 14h

4.

Les Français et les Italiens sont des peuples cousins. L'amour pour la bonne **cuisine** les unit ainsi que le rite des **repas** quotidiens. En effet, les Transalpins organisent leurs journées autour de trois **repas** principaux : le **petit-déjeuner** le matin, le **déjeuner** le midi et le **dîner** le soir.

Au réveil, on mange des tartines de pain grillé avec du beurre et de la confiture, parfois des céréales, accompagnées d'un **bol** de café au lait, de chocolat chaud, ou de thé.

À midi, à la maison ou à la **cantine**, on prend d'habitude une **entrée** (crudités, pâté, par exemple), un **plat** de résistance (viande, poisson avec garnitures comme des légumes, des pâtes ou du riz), un laitage et enfin un **dessert** (un gâteau ou un fruit).

Au retour de l'école, les enfants aiment manger des petits biscuits ou du chocolat et boire un **jus de fruits** : c'est le **goûter** ou le « quatre-heures ».

En fin de journée, vers 19h30, toute la famille se retrouve à **table**. Le **dîner** présente plus ou moins la même structure que le déjeuner : une soupe, un plat principal, un fromage avec de la salade et un dessert, suivis comme au déjeuner d'une **tasse** de café à la française avec du sucre en morceaux.

Parler

5. Libre

Civilisation

1. 1F - 2V - 3V - 4F - 5F - 6V - 7? - 8F - 9F - 10V

Atelier vidéo

1. La cuisine française, indienne, créole, africaine.

2. Le ndolè est un plat du **Cameroun** qui est un

légume vert, un peu amer, c'est fait avec des arachides **blancs** nouveaux, avec de la compote d'oignons, des crevettes, du **poisson**, ou à la **viande** de gibier.

3. 1. le ndolè, les poissons braisés, le colombo d'agneau - 2. les sardines, les salades, les pâtes, la viande crue - 3. le couscous, les tajines - 4. Fille : les escalopes normandes – Garçon : la côte de bœuf - 5. les frites - 6. le gâteau au chocolat 7. le camembert

4. Libre

Unité 1

En cuisine !

Leçon 01 — La brigade de cuisine

1. 1F - 2F - 3V - 4F

2.
1. Il est directeur de la restauration.
2. Il est responsable de l'ensemble du secteur restauration.
3. Il a travaillé à Londres et à Rome.
4. Il a travaillé deux ans en Italie.

3. 1b - 2c - 3b - 4a

4.
1. Le chef de cuisine dirige l'ensemble de la brigade de cuisine.
2. Il collabore avec le maître d'hôtel et la direction.
3. Il s'occupe d'organiser le travail en cuisine, des plannings de travail du personnel, des commandes auprès des fournisseurs.
4. Oui, il est très content de son travail car il s'agit d'un poste de responsabilité mais c'est aussi un travail créatif. Il travaille beaucoup mais cuisiner c'était son rêve.

5. 1V - 2F - 3F - 4V

6.
1. Daniele Parodi a 35 ans.
2. Il a travaillé 5 ans sur les bateaux de croisière.

3. Il est second chef/sous chef.
4. Il aide le chef dans l'organisation du travail.

7. 1c - 2c - 3a - 4c

8.
1. Il observe les chefs dans leur pratique, accomplit des tâches simples avant de préparer quelques plats. Il peut préparer les repas de la brigade de cuisine.
2. Le chef, le sous-chef et les chefs de partie.
3. Il a commencé à préparer des plats simples pour les repas du personnel.
4. Il n'a pas d'autres ambitions que de devenir un bon chef de partie.

9. 1c - 2c - 3a - 4b

10.
1. Il a 30 ans.
2. Il parle l'espagnol et l'anglais.
3. À 26 ans.
4. Il est garde-manger et il s'occupe des denrées, de la distributions des poissons et des viandes aux chefs, des plats froids, de préparer et d'organiser les buffets.

11. 1b - 2c - 3a - 4b

12.
1. Laurie vient de Brest.
2. Elle a été au lycée hôtelier.
3. Elle était commis de cuisine.
4. Elle s'occupe des sauces et des entrées chaudes.

13. 1V - 2F - 3V - 4V

14.
1. Après avoir obtenu le bac, il a commencé à travailler dans un restaurant de la côte.
2. Parce qu'il a toujours travaillé dans des restaurants sur la mer, où les poissons et les crustacés sont les spécialités du lieu.
3. Il est poissonnier et il s'occupe de la cuisson des poissons et des crustacés, mais pas des fritures ni des grillades. Il prépare aussi les sauces qui accompagnent les poissons.
4. Il travaille souvent avec le saucier.

15. 1c - 2c - 3b - 4a

16.
1. Il les a faits à Marseille.

2. Parce qu'il est tombé amoureux d'une parisienne.

3. Il s'occupe de cuire les viandes au four, de faire les grillades et les fritures de poissons et de crustacés.

4. Oui, il est content de son travail parce que c'est une tradition de famille qu'il perpétue.

17. 1F - 2F - 3V - 4F

18.

1. Il s'est spécialisé dans les soupes et les potages.
2. Il est entremettier.
3. Il a travaillé dans plusieurs établissements de sa région.
4. Il s'occupe de la préparation des potages, des soupes, des quiches, des oeufs, des légumes et des pâtes. Ses spécialités sont les « lasagne » et les « risotti ».

19. 1b - 2c - 3b - 4a

20.

1. Alexis Montaignac travaille dans un grand hôtel de Paris en tant que pâtissier ; il prépare les pâtisseries, les glaces et les sorbets, les pâtes salées et le pain.
2. Il a appris son métier dans la boulangerie-pâtisserie de famille.
3. Il a choisi de travailler dans un grand hôtel pour avoir d'autres expériences.
4. Ce sera sa soeur qui continuera la tradition de famille.

21. 1F - 2F - 3V - 4F

22.

1. Fanny a passé un bac en hôtellerie-restauration, a fait un stage dans un restaurant de Colmar.
2. Elle avait un travail saisonnier dans des restaurants d'hôtel.
3. Elle est tournant, ce qui signifie qu'elle a la tâche de remplacer les chefs quand ils sont absents.
4. Elle espère devenir chef dans un restaurant célèbre ou bien se mettre à son compte.

23. Transcription 🎧 piste 13

Journaliste : ... Alors, je crois que nous avons connu toute la brigade...

Chef de cuisine : Ben... À vrai dire, il faudrait parler de deux ou trois rôles dont au moins deux ont disparu dans les brigades de cuisine ou bien sont joués par le personnel en service.

Journaliste : Vous faites allusion à quoi ?

Chef de cuisine : Justement aux postes d'aboyeur, de communard et de plongeur.

Journaliste : Mais être plongeur n'est pas encore la première étape du métier de chef ?

Chef de cuisine : Pas toujours, mais, si un jeune veut travailler, surtout pendant la haute saison, il peut trouver des emplois de plongeur, c'est-à-dire de quelqu'un qui fait la plonge, qui nettoie les couverts, la vaisselle et les ustensiles de cuisine.

Journaliste : Est-ce qu'il assure le nettoyage de la cuisine aussi ?

Chef de cuisine : Bien sûr, il nettoie le carrelage, le sol, les tables, il peut aussi s'occuper des poubelles et des ordures...

Journaliste : Donc sa tâche n'est que de nettoyer...

Chef de cuisine : Non, s'il n'y a pas à faire le débarrassage des poubelles ou à nettoyer, il peut aussi préparer de petites choses, apprendre un peu à cuisiner.

Journaliste : Et les postes qui ont disparu ?

Chef de cuisine : Ils n'existent que dans les grands restaurants. Le nôtre est assez grand, mais, puisque ce sont des rôles qui peuvent être attribués au personnel en charge à l'hôtel... Par exemple, c'est moi ou le second de cuisine, le sous-chef, qui joue aussi le rôle d'aboyeur.

Journaliste : En quoi consiste-t-il ?

Chef de cuisine : Il s'agit de recevoir, contrôler et annoncer les commandes qui proviennent de la salle et de vérifier les plats qui sortent de la cuisine. Bref, l'aboyeur assure la communication entre la salle et la cuisine. Ce ne sont que les palaces qui peuvent encore avoir cette figure professionnelle.

Journaliste : Et l'autre poste dont vous parliez ?

Chef de cuisine : Ah, oui, c'est le poste de communard, celui qui préparait les repas pour le personnel de cuisine et de salle. Aujourd'hui, ce poste a disparu, il n'existe plus. Ce sont le plus souvent les commis ou les apprentis qui accomplissent cette tâche.

Journaliste : Et vous réussissez à accomplir vos multiples tâches et à veiller à ce que tout marche à la perfection ?

Chef de cuisine : Ben, c'est mon travail, mais je peux compter sur du personnel qui sait très bien travailler en équipe, qui est capable de rythmes souvent impossibles et qui a une forte motivation, le sens de la discipline et, il faut le dire, une bonne condition physique.

Journaliste : Donc, vous êtes content des résultats de votre brigade ?

Chef de cuisine : Je ne le dis que quand ils accomplissent des entreprises d'une certaine valeur, car je suis convaincu qu'un chef doit prétendre l'impossible, mais oui, je suis très content de mes chefs et de toute la brigade.

Solutions : 1a - 2c - 3c - 4V - 5V - 6 communication - 7 Les repas du personnel de salle et de cuisine - 8 Le chef ou le sous-chef - 9 Les commis de cuisine ou les apprentis - 10 Motivation, discipline

24. 1k - 2h - 3c - 4g - 5f - 6b - 7i - 8j - 9a - 10e - 11d - 12l

25. Voir tableau à la page suivante.

26. Libre

27. 1V - 2? - 3V - 4? - 5? - 6F - 7F - 8V

28. Libre

29.
1. C'est le tablier. Il sert à protéger le pantalon des salissures et à éviter de se brûler les jambes.
2. Albert a oublié le torchon. Il sert uniquement à prendre les plats chauds.

30. Libre

31. Libre

Leçon 02 — La cuisine

1. 1i - 2g - 3n - 4l - 5f - 6h - 7e - 8p - 9c - 10k - 11a - 12j - 13d - 14m - 15o - 16d

2. 1. une cuisine - 2. un fou - 3. une cellule de refroidissement rapide - 4. un four à convection forcée / à air pulsé - 5. un four à vapeur - 6. un four à micro-ondes - 7. une salamandre - 8. un gril - 9. une friteuse - 10. une braisière (une sauteuse électrique) - 11. une bouilloire - 12. une hotte aspirante - 13. un évier - 14. un réfrigérateur - 15. une chambre de congélation - 16. un lave-vaisselle

3. 1. un - 2. une - 3. une - 4. un - 5. un - 6. une - 7. un - 8. un
1b - 2d - 3h - 4f - 5c - 6a - 7e - 8g

4. 1. La centrifugeuse - 2. le hachoir/le robot/ la moulinette - 3. La machine à pâte fraîche - 4. la pétrisseuse - 5. l'éplucheur électrique/ épluche-légumes - 6. Le mixeur /le mixeur plongeur - 7. la trancheuse - 8. le grille-pain

5. 1. Le tamis - 2. Le moulin à légumes (le passe-légumes, le presse-purée) - 3. La passoire fine conique (le chinois) - 4. La passoire - 5. Le coupe-œufs - 6. Les ciseaux à volaille - 7. La louche - 8. La râpe à fromage - 10. La grande fourchette. - 11. La pince à spaghettis - 12. Le dénoyauteur/le vide-pomme - 13. L'économe/l'éplucheur/l'épluche-légumes - 14. Le sac à poche - 15. La douille - 16. L'écumoire - 17. La spatule - 18. La pelle - 19. La planche à couper/à hacher - 20. L'ouvre-boîtes - 21. Le piston à décorer - 22. La pince à escargots - 23. La pince à huîtres - 24. La fourchette à rôti - 25. Le mortier et le pilon - 26. L'essoreuse à salade - 27. La brochette - 28. La roulette à pâte

6. Libre

7. Transcription 🕐 piste 14

Chef : Bonjour à tout le monde et bienvenue. Le travail qui nous attend sera fatiguant ici à Bastia parce que, comme vous le savez, la Corse compte beaucoup de touristes en été. Pour prévenir tout malentendu, je voudrais vous rappeler les règles fondamentales que chacun de nous devra respecter à tout moment afin d'éviter de gros ennuis.

Inutile de vous dire de veiller à la propreté de votre personne et de votre tenue professionnelle. Vous avez des vestiaires pour laisser toutes vos affaires. Inutile aussi de vous recommander de laisser, à la fin du service, notre cuisine propre et en ordre. Pendant notre travail,

Nom	Métier	Rôle
Marc Colomb	*Directeur de la restauration*	*Il est responsable de l'ensemble du secteur restauration et de toutes les équipes de cuisine et de restaurant.*
Antoine Saget	Chef de cuisine ou chef cuisinier	Il dirige l'ensemble de la brigade de cuisine, organise le travail en cuisine de tous les chefs de partie, élabore les menus avec le maître d'hôtel, collabore avec la direction. Il s'occupe des plannings de travail du personnel et des commandes auprès des fournisseurs, il fait respecter les règles d'hygiène et il s'occupe des stagiaires et des nouveaux employés.
Daniel Pinson	Sous-chef ou second de cuisine	Il travaille avec le chef qu'il remplace pendant ses congés ou ses absences. Il est responsable d'un secteur en particulier et il forme le personnel quand le chef est trop occupé.
Sébastien Lançon	Commis de cuisine	Il observe les chefs dans leur pratique quotidienne, il accomplit des tâches simples comme éplucher les légumes ou laver les salades. Il peut aussi ranger les provisions ou nettoyer le matériel, aidé d'un plongeur. Une fois qu'il a acquis de l'expérience, il peut préparer des plats simples pour le repas du personnel.
Frédéric Millet	Garde-manger	Il contrôle les denrées, il découpe les poissons et les viandes et les distribue aux différents chefs de partie ; il prépare aussi les plats froids, les entrées et les sauces froides et les salades. Il prépare et organise les buffets froids.
Laurie Guénan	Saucier	Elle prépare les sauces chaudes, les entrées chaudes, assemble les plats à base de poisson mais surtout à base de viande. Elle accomplit une tâche de responsabilité.
Grégory Demange	Poissonnier	Il cuisine poissons, mollusques et crustacés et travaille souvent en équipe avec le chef saucier pour la préparation des sauces qui accompagnent les plats à base de poisson. Il ne fait pas de fritures ou de grillades de poissons.
Olivier Froment	Rôtisseur-Grillardin	Il s'occupe des grillades (de poissons aussi), des fritures (viandes et poissons et crustacés) et de la cuisson de viandes au four.
Jean-Pierre Grimaldi	Entremettier	Il prépare les soupes et les potages, il s'occupe aussi de la préparation des quiches, des légumes et des œufs.
Alexis Montaignac	Pâtissier	Il prépare les pâtisseries, les glaces et les sorbets mais aussi les entremets de cuisine, le pain (au besoin) et les pâtes salées.
Fanny Valentin	Tournant	Elle remplace les chefs de partie quand ils sont absents.

il faut à tout prix éviter la contamination des aliments afin d'éviter les risques microbiologiques et d'intoxication alimentaire. Je tiens énormément à cet aspect de notre profession, autant qu'à la renommée de nos spécialités culinaires.

Vous savez bien que les lois européennes et françaises nous l'imposent. Vous avez suivi des formations sur cela, n'est-ce pas ? Donc vous connaîtrez sans doute le Règlement européen numéro 852-2004 du 29 avril 2004 et nos règle-

ment 582/2004 et arrêté du 21 décembre 2009 qui font partie du « paquet hygiène » que toute entreprise de restauration doit suivre. Tous nos chefs de partie suivent des formations HACCP et tout le monde sait qu'à la connaissance des lois, il faut joindre une bonne dose de bon sens et d'attention à ce que l'on fait. Je vous prie de m'aider à bien surveiller la bonne conservation de tous les aliments et la température de la chambre froide et des réfrigérateurs. Or, je ne veux pas que notre établissement subisse des contrôles à cause de la négligence de certains, alors, suivez strictement les indications. D'ailleurs, vous trouverez une copie de la réglementation sur notre panneau d'affichage, vous pourrez la consulter n'importe quand.

Si vous avez des doutes, adressez-vous au sous-chef ou à moi, je serai toujours à votre disposition. Nous sommes depuis toujours une bonne équipe, je suis sûre que nous garderons cette renommée. Si vous avez des questions, vous savez où me trouver. Allez, au travail !

Nouveau commis 1 : (s'adressant à son voisin) Sévère le chef, tu ne trouves pas ?

Nouveau commis 2 : Oui, d'accord, mais l'hygiène est très importante dans notre travail. On pourrait risquer la fermeture du restaurant !

Solutions : 1b - 2d - 3c - 4a - 5. Règlement européen numéro 852-2004 du 29 avril 2004 et nos règlement 582/2004 et arrêté du 21 décembre 2009. - 6. des risques microbiologiques et des intoxications alimentaires

8.
1. HACCP n'est pas une **norme**, mais c'est plutôt une **méthode**.
2. La méthode a été introduite en France par l**e professeur Jouve**.
3. HACCP signifie **analyse des dangers et des points critiques pour leur maîtrise**.
4. L'utilisation de la méthode HACCP permet **de respecter les normes et les directives en matière d'hygiène et de santé**.
5. On compte trois types de dangers dont l'origine est **chimique, physique, micro-biologique (ou dont l'origine est liée au personnel, à l'équipement, à l'environnement, aux matières premières et au processus)**.

9. *Suggestion*
L'HACCP est une méthode qui permet de respecter les normes et les directives en matière d'hygiène et de santé. Elle se base sur 7 principes qui prennent en considération les points critiques pour éviter les risques de contamination d'un produit alimentaire. On compte 3 types de dangers qui peuvent contaminer un produit. Pour éviter ces dangers il faut utiliser la méthode des 5 M : Matières premières,

Milieu, Main d'œuvre, Méthode, Matériel.

10.
1. On conserve un aliment pour le protéger des contaminations causées par des micro-organismes et pour le conserver dans le temps.
2. Parmi les premières méthodes de conservation, on trouve la fermentation, la salaison et le séchage.
3. Parmi les méthodes qui utilisent le froid, les plus connues sont la congélation et la surgélation.
4. La lyophilisation basée sur l'élimination de l'eau contenue dans les aliments sans altération de leur structure et la pascalisation qui consiste à soumettre des produits alimentaires à des pressions très élevées, de l'ordre de 6000 bars.

11. 1f - 2i – 3a – 4h – 5b – 6g – 7e - 8j – 9d – 10c

12. Libre

13. 1F - 2F - 3F - 4V

14. *Suggestion*
1. Il dérive de toxine (T) et d'infection (I).
2. Il faut bien savoir comment conserver un aliment après la cuisson.
3. Ce sont les viandes, les poissons et les œufs.

Grammaire

1.
1. Vous avez préparé les desserts ? Est-ce que vous avez préparé les desserts ? Avez-vous préparé les desserts ?
2. Il écoute les indications du chef ? Est-ce qu'il écoute les indications du chef ? Écoute-t-il les indications du chef ?
3. Nos clients sont arrivés ? Est-ce que nos clients sont arrivés ? Nos clients sont-ils arrivés ?
4. Danielle est arrivée en retard ? Est-ce que Danielle est arrivée en retard ? Danielle est-elle arrivée en retard ?
5. Il dîne avant de commencer le service ? Est-ce qu'il dîne avant de commencer le service ? Dîne-t-il avant de commencer le service ?
6. Ils prennent deux desserts ? Est-ce qu'ils

prennent deux desserts ? Prennent-ils deux desserts ?

2.
1. Tu n'es pas français ?
2. Nous n'avons pas accepté leur offre.
3. Elle ne va pas au cinéma avec ses copines.
4. Ce n'est pas intéressant ?
5. Je ne suis pas parti la semaine dernière.
6. Ils n'aiment pas voyager.

3.
1. Je **ne** veux **plus** aller au théâtre.
2. Nous **n'**avons **jamais** le temps d'aller à la piscine.
3. Elle **ne** mange **ni** fruits **ni** légumes.
4. Ils **n'**achètent **rien**.
5. **Personne ne** l'a vue.
6. Vous **n'**êtes **pas** végétarien ?

4.
1. **C'est** mon frère.
2. **Il est** neuf heures vingt.
3. **C'est** moi, maman !
4. Mais ça, **c'est** terrible !
5. **Il est** impossible de le comprendre.
6. **Il est** tard, **il est** déjà midi.
7. Je t'aide ? - Oui, **c'est** gentil.
8. **Elles sont** très jolies, tes amies !
9. Tu le vois, ce monsieur ? **C'est** le père de Guy.
10. Tu nous as invités ? Mais **c'est** sympa !
11. **Ils sont** espagnols.
12. **Il est** inutile qu'il téléphone.

5.
1. Si chacun **accomplit** sa tâche, le travail est plus facile.
2. Il ne **finit** jamais ce qu'il commence.
3. Hier nous **avons défini** notre emploi du temps.
4. Qu'est-ce que vous proposez comme garniture au poulet rôti ? – Nous l'**avons garni** avec des pommes de terre au gratin.
5. Je vous donne un conseil : **enrichissez** ce plat avec un peu de sauce.
6. La cuisine de ce restaurant est trop bonne : en un mois, j'**ai grossi** d'un kilo et demi !
7. Simon, demandez d'autres petits fours au chef, s'il vous plaît ! Et **farcissez**-les bien cette fois !
8. Vous nous **garantissez** que ces légumes ne

sont pas des OGM ?
9. Le client de la table 6 **a** mal **réagi** à mes conseils ; je n'**ai** pas **réussi** à bien le conseiller.
10. **Remplissez** les assiettes au fur et à mesure que le chef vous le dit !

Fiche métier

1.
1. Le chef de cuisine gère tout le processus de production de plats et de repas de l'approvisionnement à la consommation, il est aussi responsable de la brigade de cuisine qu'il recrute et qu'il forme.
2. Un chef de cuisine travaille jour et nuit, le dimanche et les jours fériés en extra. Il/Elle doit s'occuper de l'approvisionnement des produits, de la production des repas et de la gestion de l'équipe, donc, surtout dans les périodes de haute saison, il ne lui reste pas beaucoup de temps pour lui/elle.
3. Certains métiers s'affirment de plus en plus sur échelle internationale, donc on peut aller travailler à l'étranger, les brigades sont formées souvent de personnel de différentes provenances et l'anglais est la langue de communication la plus connue. En plus, pour un non-français, il est important de connaître cette langue vivante car les termes désignant beaucoup d'ustensiles et de plats sont français.
4. Non, on ne peut pas accéder à ce métier sans une expérience confirmée car c'est un poste de responsabilité.
5. Non, ce n'est pas un métier qui n'est réservé qu'aux hommes : femmes et hommes peuvent y accéder.

Entraînement aux examens professionnels

Écouter

1. Transcription 🔊 piste **15**

Journaliste : Bonjour Pascal.
Pascal : Bonjour !

Journaliste : Pouvez-vous me décrire votre métier ?

Pascal : Écoutez, tout d'abord, c'est une passion, évidemment. Donc ce métier consiste à préparer et puis envoyer en salle les plats que nous demandent les clients. Derrière, dans la cuisine, pendant ce temps-là, il faut faire en sorte que les règles d'hygiène soient évidemment respectées.

Journaliste : Et quelles sont les qualités nécessaires à l'exercice de votre profession ?

Pascal : C'est évidemment en premier l'amour du travail bien fait : il faut aimer et vouloir, travailler correctement pour le client. La deuxième chose, c'est la curiosité : il faut être curieux dans ce métier, pour savoir, pour connaître les nouveautés, pour savoir les choses qui arrivent sur le marché, pour avancer, toujours avancer ; et puis la troisième chose, c'est respecter le client, on vit pour lui, par lui, et donc on doit respecter le client, quoiqu'il arrive, et à toute heure.

Solutions : 1V - 2F - 3V - 4V - 5?

2.

1. La première qualité d'un **chef**, c'est évidemment en premier l'**amour** du travail bien fait: il faut **aimer** et vouloir le faire, **travailler** correctement pour le **client**.
2. La **deuxième** chose, c'est la **curiosité** : il faut être curieux dans ce **métier**, pour savoir, pour connaître les **nouveautés**, pour savoir les choses qui arrivent sur le **marché**, pour **avancer**, toujours **avancer**.
3. La troisième chose, c'est **respecter** le client, on **vit** pour lui, **par** lui, et donc on doit respecter le client, quoiqu'il **arrive**, et à **toute** heure.

3. Transcription 🎧 piste 16

Journaliste : Et pourquoi avez-vous choisi ce métier ?

Pascal : Écoutez, je me demande si je l'ai vraiment choisi... en fait depuis que j'ai, je crois me souvenir, six ou sept ans, j'ai toujours aimé ce métier, toujours regardé ma mère, ma grand-mère cuisiner ; mon grand-père était cuisinier, lui, dans un restaurant professionnel. Donc, j'ai toujours vu les gens cuisiner, j'ai commencé, dès que j'ai pu, à cuisiner avec eux, pour ensuite les assister, puis un jour même les remplacer ; donc, j'ai toujours voulu faire ce métier-là, par passion, par envie, par goût ; et puis, en y pensant, je n'ai jamais voulu en faire un autre, en fait, voilà, tout simplement !

Journaliste : Qu'est-ce qui vous donne envie de mettre votre tablier ?

Pascal : Écoutez, ce qui me motive c'est évidemment d'avancer, de progresser un peu plus tous les jours, et puis surtout, de former ces jeunes – moi j'ai toujours deux ou trois apprentis en même temps avec moi – les former, pour qu'un jour ils me remplacent, qu'ils remplacent aussi les autres, et puis surtout qu'ils prennent autant de plaisir à faire ce métier, que j'en prends moi au bout d'un peu plus de 25 ans, voilà.

Solutions : 1b- 2c- 3a- 4b

4.

1. Il doit aimer un travail bien fait ; puis, il faut être curieux, et vouloir toujours progresser. Enfin, il doit respecter le client.
2. Il avait six ou sept ans.
3. Sa mère, sa grand-mère et son grand-père.
4. Le fait de pouvoir avancer, et de pouvoir former des jeunes.

Lire

5. 1F - 2V - 3V- 4? - 5F - 6V

6.

Nom : Joël Robuchon.
Qualités : homme de terroir.
Étoiles 2011 : 26
Enseignes possédées : 24
D'autres activités : porte-drapeau de Fleury-Michon, émissions télé.

Nom : Alain Ducasse.
Qualités : insatiable créatif.
Étoiles 2011 : 18
Enseignes possédées : 30, 5 restaurants en propre, 2 auberges.
D'autres activités : consultant, partenaire « Sodexo », 2 centres formation, école pâtisserie, maison édition.

Écrire

7.

1. Le **communard** prépare les repas du personnel.

2. Le **plongeur** lave la vaisselle et fait les menus travaux.

3. Le **chef** collabore avec la direction, établit les menus et est responsable de la brigade de cuisine.

4. Le **saucier**, l'**entremettier**, le **rôtisseur**, le **pâtissier**, le **poissonnier** sont responsables d'un secteur spécifique. Chacun d'eux est un **chef de partie**.

5. Le **tournant** remplace les chefs de partie lorsqu'ils sont absents.

6. L'**aboyeur** met en contact la salle avec la cuisine en recevant les bons de commande et en les annonçant à haute voix.

7. Le **sous-chef** collabore avec le chef et le remplace lorsqu'il est en congé ou absent.

8. Le **garde-manger** s'occupe des denrées alimentaires et prépare les aliments et les distribue aux chefs de partie.

8. 1. une bouilloire - 2. un réfrigérateur - 3. un lave-vaisselle - 4. une friteuse - 5. une braisière - 6. un four à vapeur - 7. une hotte aspirante - 8. un four à thermoconvection

9.
Cuisson : four, four à vapeur, four à micro-ondes, cuisine (feux), friteuse, gril, braisière, bouilloire
Lavage : évier, lave-vaisselle
Conservation : réfrigérateur, cellule de refroidissement rapide, chambre de congélation

10. Libre

Parler

11. Libre

Civilisation

1. 1? - 2F - 3V - 4V - 5. À cause des invasions barbares, qui ont amené à l'insécurité alimentaire.

Atelier vidéo

1. Les cuisiniers portent une toque, une veste de cuisine, un tablier, un torchon et un pantalon.

2. Un four, une cloche, une écumoire, un lave-vais-selle, un couteau, une hotte aspirante, une casserole.

3. 1F - 2F - 3F - 4V - 5F - 6V - 7V - 8V - 9V - 10V - 11F - 12V

4. Libre

Unité 2

En salle !

Leçon 01 | La brigade de salle

1. 1F - 2F - 3V - 4F

2.
1. Il est directeur de la restauration.
2. Il est responsable de l'ensemble du secteur restauration.
3. Il a travaillé à Londres et à Florence.
4. Il a travaillé deux ans en Italie.

3. 1c - 2a - 3b - 4b

4.
1. Le premier maître d'hôtel dirige l'ensemble de la brigade de restaurant.
2. Il travaille avec le chef de cuisine.
3. Il s'occupe des plannings de travail du personnel et des commandes auprès des fournisseurs.
4. Il accueille les clients, les accompagne à leur table, il prend leur commande et il s'assure de leur satisfaction.

5. 1V - 2F - 3V - 4V

6.
1. Christophe Lamiot a 35 ans.
2. Il a travaillé 7 ans à Dublin.
3. Il est second maître d'hôtel.
4. Il aide le maître d'hôtel dans l'organisation du travail.

7. 1b - 2c - 3a - 4b

8.
1. Anna vient de Poitiers.
2. Elle est chef de rang.
3. Elle s'occupe de la mise en place.

4. De bonnes connaissances en langues étrangères sont nécessaires pour sa profession.

9. 1V - 2F - 3F - 4V

10.
1. Théo Martelli va au lycée hôtelier d'Ajaccio.
2. Il fait son stage pendant l'été.
3. Il aimerait se spécialiser dans le domaine de la gastronomie.
4. Il est sous la responsabilité du chef de rang.

11. 1b - 2c - 3c - 4b

12
1. Paul Bonnin vient de Montpellier.
2. Il a exercé la profession de serveur et d'employé d'étage.
3. Il s'occupe du service de restauration en chambre.
4. Il est très content de son travail.

13. 1F - 2F - 3F - 4V

14.
1. Cécile Roux a obtenu une très bonne note au BEP.
2. Elle est commis d'étage.

3. Elle a de l'expérience parce qu'elle a fait différents stages dans des hôtels.
4. Elle s'occupe de la mise en place des chariots de service et des plateaux.

15. 1b - 2c - 3a - 4c

16. 1? - 2F - 3F - 4V - 5V - 6V

17.
1. Jennifer a eu son bac hôtelier, a fait un stage pour barman en Angleterre et a aussi suivi un stage de barman spectacle.
2. Non, parce qu'elle préfère exprimer sa créativité dans la création de cocktails.
3. Elle prépare des cocktails tendance et classiques, sert des boissons froides et chaudes, accueille et conseille les clients et crée l'atmosphère du bar. Elle s'occupe aussi de l'approvisionnement des stocks et forme les commis barmen.
4. Elle espère devenir second chef barman et ensuite chef barman. Et, qui sait, peut-être un jour directrice de bars !

18. 1d - 2e - 3b - 4g - 5f - 6c - 7a

19. Solutions : *voir le tableau en bas de page.*

Nom	Métier	Rôle
Max Verdier	*Directeur de la restauration*	*Il est responsable de l'ensemble du secteur restauration et de toutes les équipes de cuisine et de restaurant.*
Stéphane Legrand	Premier maître d'hôtel	Il dirige l'ensemble de la brigade de restaurant. Il élabore les menus avec le chef de cuisine. Il s'occupe aussi des plannings de travail du personnel et des commandes auprès des fournisseurs. Il est en contact avec la clientèle : il accueille les clients, les accompagne à leur table, prend leur commande et s'assure de leur satisfaction.
Christophe Lamiot	Second maître d'hôtel	Il réalise les mêmes tâches que le premier maître d'hôtel et l'aide dans l'organisation du travail.
Anna Lombard	Chef de rang	Elle est responsable de la clientèle en salle. Elle se charge de la mise en place et dirige les commis.
Théo Martelli	Commis de rang	Il met et débarrasse la table.
Paul Bonnin	Chef d'étage	Il s'occupe du service de restauration en chambre.
Cécile Roux	Commis d'étage	Elle s'occupe de la mise en place des chariots de service et des plateaux.
Nicolas Fourgeaud	Chef sommelier	Il est responsable du service des vins et il conseille les clients dans le choix d'un vin ou d'une autre boisson.
Jennifer Cotton	Barlady ou Barmaid	Elle prépare et sert les cocktails, les boissons chaudes et froides, s'occupe des stocks, forme les commis.

20. Libre

21. 1. chemise - 2. cravate - 3. gilet - 4. chaussures noires - 5. pantalon noir - 6. veste (smoking) - 7. nœud papillon - 8. costume - 9. bon de commande - 10. tablier - 11. jupe - 12. chemisier - 13. chaussures noires à talons - 14. plateau - 15. serviette - 16. tire-bouchon

Leçon 02 /// Mettre la table

1. Libre

2.

3. 1F - 2F - 3V - 4F - 5F

4. 1. couvert - 2. assiette à pain - 3. assiette de mise en place - 4. nappe

5. 1d - 2a - 3b - 4c - 5f - 6e

Grammaire

1.
1. Hier mes amis sont allés au restaurant « Chez Isidore ».
2. 1F - 2F - 3V - 4F - 5F Nous avons acheté de nouveaux tamis.
3. Les coqs au vin de ces chefs sont les meilleurs de Lyon.
4. Ce soir nous allons goûter les bouillabaisses des nouveaux chefs du « Mistral ».
5. Vous aimez les gâteaux de ces pâtissiers ?
6. Nous avons lu tous ces longs articles de « l'Hôtellerie-Restauration », ils donnent des avis intéressants pour bien gérer sa cuisine.

7. Est-ce que les desserts de la table 8 sont prêts ?
8. Dans ces pays-là, il y a des carnavals célèbres.

2.
1. Ce matin le maître a convoqué les chefs de rang.
2. Sur les tables, il y avait des pots de fleurs bleus et modernes. Les clientes ont apprécié.
3. Les plats ont été refusés par les messieurs de la table 12.
4. Les dames assises près de la fenêtre n'ont pas voulu donner de pourboires.
5. Ils ont commandé des repas à base de légumes.
6. Nous aimons les cuisines francophones.

3.
Paul, STP,
Prépare les salles à ma place : remplace les nappes, change les couverts et les serviettes, mets les verres à vin et les verres à eau, mets les chaises à leur place. J'ai oublié de le faire mais je dois partir, je suis pressé ! Sinon, demain, le maître...
Merci de me dépanner, la prochaine fois ce sera moi qui t'aiderai.
Michel

4.
1. Des plats du jour pour la table 5.
2. Une bouteille d'eau et un pichet de vin blanc à la 2 !
3. Auriez-vous des fromages moelleux ?
4. Alain, mettez les imperméables sur les porte-manteaux !
5. Le plat préparé par ce chef est un chef d'oeuvre !
6. Des serveuses ont des chemises blanches, les autres des chemises bleues.

5.
1. architecte - 2. écrivaine - 3. professeure - 4. barman - 5. maître d'hôtel - 6. serveuse

6.
Hier, mes amies sont allées au restaurant pour fêter leurs anniversaires. La serveuse les a accueillies et les a fait installer à leur place. Mais une dame a protesté. Une autre serveuse est arrivée pour essayer de résoudre le problème, mais, à la fin de la discussion, elles n'étaient pas contentes car elles avaient pris deux réservations pour la même table !

7.

1. une salle - 2. une table- 3. un bureau - 4. une ardoise - 5. une réservation - 6. un coup de téléphone - 7. un répondeur - 8. une couleur - 9. une assiette - 10. un plat - 11. un soir - 12. une serviette.

8. Suggestions

1. L'addition, SVP !
2. Vous avez une réservation ?
3. Le maître s'occupe de l'accueil des clients lorsqu'ils arrivent pour la première fois dans la salle du restaurant et leur montre leur table.
4. Le chef a préparé un plat très savoureux ce soir.
5. Une soupe à l'oignon à la table 12 !
6. Je ne sais pas s'il me reste du poulet, je vais demander au chef, en cuisine.

9. 1. étrangère - 2. touriste - 3. acheteuse - 4. algérienne - 5. commerçante - 6. femme aimable - 7. serveuse fatiguée - 8. cuisinière nouvelle - 9. fille audacieuse - 10. hôtesse inquiète

Fiche métier

1. Libre

2. Le métier, les métiers - le maître, les maîtres - l'hôtel, les hôtels - le temps, les temps - l'entrée , les entrées - la salle, les salles - le restaurant, les restaurants - le client, les clients - la table, les tables - la commande, les commandes - les plats, le plat - le menu, les menus - le choix, les choix - les vins, le vin - le sommelier, les sommeliers - le service, les services - les grands restaurants, le grand restaurant - les chefs de rang, le chef de rang - la responsabilité, les responsabilités - le confort, les conforts - la satisfaction, les satisfactions - des préparations particulières, une préparation particulière - la découpe, les découpes - un poisson, des poissons - une viande, des viandes - un flambage, des flambages - un dessert, des desserts - les commis, le commis - les serveurs, le serveur - le déroulement efficace et harmonieux, les déroulements efficaces et harmonieux - la fin, les fins - la remise en ordre, les remises en

ordre - le service suivant, les services suivants

3.

1. Non ; au troisième groupe.
2. Le verbe *venir*.
3. Tenez-vous à l'entrée du restaurant ; Vous vous êtes tenu/tenue/tenus/tenues à l'entrée du restaurant.

Entraînement aux examens professionnels

Écouter

1. Transcription 🔊 piste 26

Damien et le métier de barman

Première partie

Journaliste: Ce matin, nous allons interviewer Damien, jeune barman à son premier emploi dans un hôtel d'un centre thalasso et son chef, Monsieur Fréderic Dumesnil, maître d'hôtel. Damien va nous préparer un cocktail fusion, vous connaissez ? Non ? Moi non plus ! À base de fruits rouges et de liqueur de Chambord, avec du jus d'ananas, servi dans un verre à cocktail. Daniel confectionne des cocktails à la mode, des classiques et des spécifiques en rapport avec la clientèle de la thalasso toute proche.

Maître d'hôtel: Le barman est amené à faire des cocktails toute la journée, mais aussi à servir des boissons plus simples, euh…, du café, des boissons chaudes…

Damien: Quand je commence ma journée, j'arrive au bar, je vérifie ma caisse, je mets en place mon service à l'ordinateur, je remets aussi en place ma salle, simplement, puis je commence à servir mes clients.

Journaliste: … Avec, comme règle : un client est servi dans les cinq minutes après son arrivée et la table est débarrassée dans les deux minutes après son départ. C'est tout, Damien ?

Damien: On sert aussi des clubs sandwiches. C'est un service snack de 11 heures et demie jusqu'à 18 heures.

D'après une vidéo postée sur *www.youtube.com*

Solutions : 1F - 2F - 3? - 4V - 5F

2.

1. Quand je commence ma journée, **j'arrive** au bar, je vérifie ma **caisse**, je **mets** en place mon service à l'**ordinateur**, je remets aussi en **place** ma salle, simplement, puis je **commence** à servir mes clients.

2. Un client est **servi** dans les cinq **minutes** après son arrivée et la table est **débarrassée** dans les deux minutes après son **départ**.

3. Transcription ⓘ piste 27

Damien et le métier de barman

Deuxième partie

Journaliste : Et à la fin de la journée, Damien fait ses comptes, arrête la caisse et établit le relevé des ventes.

Maître d'hôtel : Un bon barman, c'est une personne qui a tout d'abord le sens du client, qui sait ce que le client veut, qui sait se mettre à la place du client et aussi anticiper ses demandes.

Damien : Il faut d'abord savoir parler, avoir un bon sens professionnel, savoir aussi calmer les conflits.

Journaliste : Quoi d'autre ?

Damien : Un standing, un comportement exemplaire, il faut être un petit peu psychologue aussi, de temps en temps.

Journaliste : En somme, un bar marche quand les clients se sentent accueillis, à l'aise dans une ambiance de qualité, et ce, que le barman travaille en brasserie, dans un café, un centre de vacances ou une discothèque.

Maître d'hôtel : Ce sont des personnes qui doivent faire attention non seulement à leur savoir-faire, mais aussi à leur savoir-être, parce qu'ils ont un rapport avec la clientèle très privilégié.

Journaliste : Damien sera barman dans un palace, un grand hôtel à l'étranger ou chef barman... Alors Damien, ce cocktail fusion ?

Damien : C'est très féminin, c'est très bon !

Journaliste : À boire avec modération, bien sûr !

D'après une vidéo postée sur www.youtube.com

Solutions : 1a - 2b

4.

1. Il fait ses comptes, arrête la caisse et établit le relevé des ventes.

2. Pour trouver un travail dans ce domaine, il faut avoir surtout le sens du client, savoir ce que le client veut, savoir se mettre à la place du client et aussi anticiper ses demandes.

3. Un standing, un comportement exemplaire, il faut être un petit peu psychologue aussi, de temps en temps.

4. En brasserie, dans un café, un centre de vacances ou une discothèque, dans un palace, un grand hôtel.

Lire

5.

1. Il est maître d'hôtel.

2. Il est comme un chef d'orchestre, ses serveurs sont comme des musiciens et son restaurant ressemble à une scène de théâtre.

3. La brigade de salle.

4F - 5V - 6F - 7V - 8F

Écrire

6. 1. commis de rang - 2. serveur - 3. chef de rang 4. chef sommelier - 5. premier maître d'hôtel - 6. barman - 7. directeur de la restauration - 8. chef d'étage

7. a. un verre - b. une assiette - c. une fourchette - d. un couteau - e. une cuillère/cuiller à soupe - f. une cuillère/cuiller à café - g. une corbeille à pain - h. un couteau à poisson - i. une carafe - j. une nappe

8. 1j - 2b - 3c - 4e - 5f - 6h - 7d - 8a - 9g - 10i - La carafe et la corbeille à pain sont apportées à l'arrivée du client.

Parler

9. Libre

Civilisation

1. 1? - 2F - 3. Pour emporter les cadeaux offerts par le maître de la maison. - 4F - 5. Catherine de Médicis. - 6. À droite. - 7. Les grands cuisiniers des familles nobles restent sans travail à cause de la Révolution et parce qu'ils sont contraints à ouvrir des restaurants à Paris. - 8V - 9. Le *Guide Michelin*, le *Gault-Millau* et le *Bottin Gourmand*. - 10. En 1979.

Atelier vidéo

1. une nappe, un molleton, une assiette, une fourchette, un couteau, un couteau à pain, un verre à eau, un verre à vin, un poivrier, une serviette

2. 1g - 2d - 3c - 4b - 5a - 6h - 7e - 8f

3. Suggestions :
Les gestes sont précis, méticuleux. Une grande importance est accordée à l'équilibre, à l'harmonie. Tout est aligné, propre, épuré, délicat : c'est la perfection.

Unité 3

Menus et cartes

 **Établir un menu**

1.

Aspects communs
- En France et en Italie, on a la carte et le menu mais la carte est souvent appelée « menù » en Italie.
- On a la carte des vins en France comme en Italie.

Différences
- Les Français choisissent généralement un menu, les Italiens à la carte.
- Le menu français comprend l'entrée, le plat avec garniture et le dessert, le menu italien comprend les « antipasti », le « primo », le « secondo » avec garniture à part, le fromage, le « dolce » et les fruits.
- Les pâtes en Italie sont un « primo », en France souvent une garniture.
- La garniture en Italie est à part, en France elle est comprise dans le plat.

- Les salades en France sont souvent des entrées, en Italie elles sont souvent des garnitures.
- En France on boit de l'eau en carafe, en Italie de l'eau minérale en bouteille.
- Les fromages, en Italie, peuvent être servis comme hors d'œuvre.

2.
1. Le menu présente un choix limité de mets par catégorie de plats.
2. On peut choisir entre deux ou trois propositions.
3. On choisit librement, même un seul plat.
4. Libre

3. Libre

4. Libre

5. Libre

6.

Menu **dégustation** surprise
Amuse-**bouche**
Foie **gras** de canard en marbré aux figues **moelleuses**
Homard en chaud et froid, bisque de ses **carcasses**
Noix de Saint Jacques **à** la plancha
Aiguillette de turbot **rôtie**
Granité à la pomme **cidrée**
Carré de **veau** rôti
Le chariot de fromages affinés d'ici et d'**ailleurs**
Pannacotta à la vanille, minestrone de fruits exotiques
Moelleux **au** chocolat noir intense
Prix menu : 78 €

7. Entrée
Salade printanière
Salade de magrets de canard aux pommes et noix
Salade du chef
Mousse de caviar
Crudités
Foie gras à l'aubergine

Plat principal
Blanquette de veau
Canard à l'orange
Lapin à la moutarde
Poulet grillé avec ses pommes de terre
Saumon grillé aux haricots verts
Rôti de porc aux carottes julienne

Dessert

Moelleux au chocolat

Gâteau au fromage blanc

Macarons à l'ancienne au chocolat blanc

Mille-feuilles aux fruits de la passion

Charlotte aux fraises

8. 1h - 2a - 3c - 4g - 5f - 6d - 7b - 8e

9. Libre

10. 1V - 2F - 3F - 4F - 5V - 6V - 7F - 8V

11.
- cassoulet - Toulouse - haricots blancs, viande
- choucroute - Alsace - chou, lard, saucisses, pommes de terre
- daube - Provence - bœuf, vin, herbes de Provence, ail, carottes
- coq-au-vin - Bourgogne, Alsace, Champagne, Auvergne - coq, vin
- brandade de morue - Sud (Occitanie) - cabillaud, huile d'olive, ail, persil, citron

12.

a. Transcription 🕐 piste **28**

Mère : Comment tu peux préférer les paupiettes de Flunch à celles de ta mère !

Fille : Goûte-les !

Mère : Mmm, cette sauce ! Dis pas que c'est cher, au moins !

Fille : 4 euros 90 !

Mère : Ça devrait être interdit !

Fille : Ah, carrément !

Mère : Eh, oh ! Je suis ta mère !

Voix off : Chez Flunch le plat du jour est à 4 euros 90, avec légumes à volonté !

Solutions : 1a - 2b -3a - 4a

b. Transcription 🕐 piste **29**

Jeune femme : Léo, j'ai dit à ta mère que je t'emmenais chez Flunch pour manger équilibré, alors tu me fais le plaisir de finir ton... ben, qu'est-ce que tu as fait avec ton poulet aux olives ?

Enfant : Je l'ai mangé...

Jeune femme : Comment ça, mangé, avec la bouche ?

Enfant : « Je vais reprendre des légumes...

Voix off : Chez Flunch le plat du jour est à 4 euros 90, avec légumes à volonté!

Solutions : 1F - 2? - 3V - 4V

c. Transcription 🕐 piste **30**

Jeune femme : J'avais super envie de calamars à la romaine ! Et devine ce que c'est le plat du jour de Flunch ?

Jeune homme : Des calamars à la romaine ?

Jeune femme : Et pour un plat si bon pour 4 euros 90, tu sais combien j'ai payé ?

Jeune homme : 4 euros 90 !

Jeune femme : Tu es devin ou quoi ?

Voix off : Chez Flunch le plat du jour est à 4 euros 90, avec légumes à volonté !

Solutions :

1. Flunch.
2. Non, ce n'est pas un restaurant cher.
3. 4 euros 90.
4. La publicité veut nous convaincre que Flunch est bon marché, que la qualité est excellente, et qu'on mange sain et équilibré.

13.
1. On mange le fromage à la fin du repas.
2. Il y a environ 400 fromages.
3. Par le lait (brebis, vache, chèvre, etc.), s'il est cru ou cuit, par leur fabrication.
4. Cela dépend de la couleur de la croûte.
5. D'un champignon qui est mélangé au fromage et qui donne de petites moisissures bleues.
6. De cette façon, la pâte perd encore de l'eau et devient plus dure.

14. Libre

15. 1V - 2F - 3F - 4V - 5F - 6V

16. Libre

17. Transcription 🕐 piste **31**

Le Chef et le maître établissent un menu

Chef : Bonjour Gaston, combien de réservations on a pour demain ?

Maître : Pour le moment nous avons cinquante couverts de prévu, dont dix enfants.

Chef : Bon, ce n'est pas mal, mais je dois changer l'entrée parce que les langoustines ne sont pas suffisantes...

Maître : Et qu'est-ce qu'on fait, alors ?

Chef : Au fait, je viens de téléphoner à notre fournisseur et il m'a dit, entre autres, qu'il aurait du bon poulpe frais...

Maître : Ben, moi je le servirais plutôt comme plat, mais si on veut faire un « antipasto » italien, alors...

Chef : Alors, on pourrait faire une salade de poulpe, pommes de terres et persil.

Maître : C'est parfait, et en ce qui concerne la viande ?

Chef : Que dis-tu d'un plateau de charcuterie, comme on avait prévu ? On en a assez et de premier choix, aussi ! Il ne faut pas en acheter à nouveau.

Maître : Très bien... euh... Et tu me confirmes le plat du jour, la friture de calmars et de crevettes ?

Chef : Bien sûr, et j'en ferai même plus, pour le menu. Et je confirme aussi les croquettes de viande.

Maître : Comme garniture, toujours des frites ou de la salade verte, n'est-ce pas ?

Chef : Oui, c'est ça.

Maître : Tu prépares ton merveilleux tiramisù ? La dernière fois, il a eu un tel succès !

Chef : Oui, et puis il y aura des glaces aux différents parfums, comme prévu. Ah, rappelle-moi, il faut redemander de la stracciatella, les enfants adorent ça et c'est presque fini.

Maître : On prépare aussi le menu enfant ?

Chef : Certainement. On répète celui de la semaine passée ?

Maître : Oui, mais je mettrais des légumes grillés ou au four à la place de la salade.

Chef : Bon, c'est tout, alors...

Maître : Je pense... oui..., euh, je vais donner les indications pour la mise en place à Michel et à Valentine.

Chef : Et moi je vais retrouver Albert à la cuisine.

Solutions :

1. Les réservations sont au nombre de **cinquante personnes** - 2. On prévoit un **menu** enfant - 3F - 4F - 5F - 6V - 7V - 8. Michel et Valentine sont chefs de rang ou commis de salle et Albert est chef de partie ou commis de cuisine.

18.

Entrées
Salade de poulpe
Plateau de charcuterie

Plats
Friture de calmars et crevettes
Croquettes de viande
avec frites ou salade verte

Dessert
Tiramisù
Glaces différents parfums

19. Libre

20.

Ce qu'il faut faire

Tenir compte de l'âge pour le choix des plats, ajouter au menu un choix « santé », proposer des mets non insipides ; présenter les plats d'une façon colorée et amusante ; avoir des prix raisonnables ; proposer les plats de la carte destinée aux adultes, mais en portions réduites.

Ce qu'il ne faut pas faire

Être monotone et ne pas se confronter aux compétiteurs ; mélanger les aliments dans l'assiette ; la lenteur dans le service ; faire servir les enfants après les adultes ; éviter les aliments causant des allergies ; éviter les portions trop petites, mais aussi, les portions trop abondantes.

21. Libre

22. Libre

23. Libre

Leçon 02 — Un plat pour chaque occasion

1. 1. Un aliment biologique est fait sans produits chimiques de synthèse - 2 Pour des raisons liées à la santé ou éthiques - 3. Georges Ohsawa est le créateur de la macrobiotique - 4. L'alimentation macrobiotique n'accepte pas la consommation de viande et de poisson, de produits laitiers et d'œufs. Elle exclut aussi plusieurs légumes et fruits.

2. Libre

3.

1. Le végétarisme **interdit** la consommation de viande. La diète végétarienne est née en **Orient**, mais le mot végétarisme a été **créé** (**inventé**) par

la Vegetarian Society.

2. Le véganisme se différencie du **végétarisme** parce qu'il exclut l'exploitation des **animaux** et la consommation de **produits laitiers et d'œufs**.

3. Aujourd'hui, les **végétariens** et les véganes sont **nombreux**.

4. Les restaurateurs ont inclus des **plats** végétariens dans leurs menus pour **satisfaire** leur clientèle.

5. L'alimentation végétarienne peut aider à soigner ou prévenir certaines **maladies**.

4. 1F - 2V - 3V - 4V - 5V - 6V - 7F

5. Libre

6. Transcription 🎧 piste 32

Chef : Bonjour François, bienvenue.

François : Bonjour Monsieur Albert.

Chef : Sur votre CV, j'ai lu que vous êtes expert en cuisine végétarienne et végane, ce qui est très intéressant pour nous. En effet, nous proposons toujours trois menus différents à notre clientèle, un menu à base de viande, l'autre à base de poisson et le troisième végétarien.

François : Bien Monsieur, j'ai inventé des plats végétariens et suivi plusieurs cours de cuisine alternative.

Chef : Vous aurez l'occasion de me proposer des plats nouveaux, pour l'instant vous devez bien regarder et apprendre ce que je fais ici. En peu de temps vous devrez être capable de me remplacer.

François : Bien, Monsieur.

Chef : Quand la commande arrive en cuisine, je la prends en charge. Sur la commande il y a toujours le numéro de la table et des couverts. Il est indispensable de vérifier s'il y a des indications pour la cuisson, surtout pour ce qui concerne les plats à base de viande. Le serveur peut réclamer un plat qui n'est pas prêt et il faut lui dire combien de temps le client doit encore patienter. Je transmets les informations aux chefs de partie et je contrôle constamment la préparation de chaque plat. Si un client a demandé de la viande bien cuite, je vérifie que le désir du client soit respecté. En outre, je donne les instructions aux commis de cuisine qui doivent préparer le ma-

tériel et les aliments pour les chefs.

François : Et pour les plats qu'on prépare avant l'arrivée des clients ?

Chef : Nous travaillons dans un grand restaurant et chacun a son rôle, mais nous devons toujours goûter un plat et apporter d'éventuelles modifications. De plus, on doit être capable de remplacer le saucier ou le poissonnier à tout moment.

Solutions :

1. François est embauché comme **sous-chef**. Il est expert en **cuisine végétarienne et végane**.

2. Le restaurant propose toujours **trois** menus **différents** : un à base de **viande** l'autre à base de **poisson**, le troisième est un menu **végétarien**.

3. C'est **le chef** qui prend en charge la commande.

4. Une commande contient toujours le **numéro de la table et des couverts**.

5. Le matériel et les aliments sont préparés par **les commis de cuisine**.

6. Le chef **goûte** les plats et apporte **d'éventuelles modifications**.

7. Libre

8.

1. Parce que c'est l'occasion pour faire de bonnes affaires.

2. Le directeur de l'hôtel, le chef de cuisine, le maître de salle.

3. Le type de manifestation qu'on a organisée et s'il y a des convives qui ont des habitudes alimentaires différentes ou qui suivent un régime particulier.

4. Le personnel de cuisine et de salle et le coût du personnel.

9. 1F - 2F - 3F - 4F - 5V

10. Libre

Grammaire

1.

Exemples de mots
ce héros, restaurant, serveur
cet homme, arbre, établissement
cette serveuse, habitude, armoire
ces héros, hommes, femmes, armoires

Il existe deux formes de l'adjectif démonstratif masculin singulier parce qu'il faut utiliser ce devant les noms masculins singuliers qui commencent par une consonne ou par un *h* aspiré et cet devant les noms masculins singuliers commençant par une voyelle ou un *h* muet.

2. Dans ces cas-là, les adverbes -ci et -là sont supprimés et leur place est prise par le pronom relatif ou le complément de nom.

3. Libre

4. Libre

5.
1. Il faut être aimable avec les clients !
2. Il faut acheter des fraises pour les tartelettes !
3. Il est nécessaire de me donner la recette de ce plat !
4. Il faut tout de suite vider le four !
5. Il est nécessaire d'apporter du beurre !
6. Pour cuisiner ce plat, il faut avoir beaucoup de patience !

6.
1. Il vous **reste** encore des homards pour demain ?
2. Je ne sais pas ce qui **se passe** aujourd'hui.
3. Il **s'agit** d'un nouveau plat proposé par le restaurant.
4. Quand on a des clients en colère, il **vaut mieux** s'excuser tout de suite !
5. Mais il vous **suffit** de le demander, Madame !
6. Pour ce soir, il **faut** réserver.

7.
1. **Il est utile** de réserver dans ce restaurant.
2. **Il est interdit** de fumer dans les restaurants.
3. **Il est inutile** de téléphoner.
4. **Il est difficile** de se mettre au régime.
5. **Il est déconseillé** de prendre du poisson dans ce restaurant.
6. **Il est possible** de rencontrer vos amis !

8.
1. Achète de nouveaux ustensiles !
2. Nettoyez la cuisine !
3. Ne fumons pas !
4. Ne sois pas en retard.
5. Téléphonez à votre tante !
6. Ne visite pas le musée de la Cathédrale !
7. N'achetons pas de légumes !

9.
1. Il faudrait prendre des tomates ! Vous devriez prendre des tomates !
2. Vous ne devriez pas fumer à l'intérieur du restaurant !
3. Il faudrait ne pas oublier de téléphoner au fournisseur. Tu ne devrais pas oublier de téléphoner au fournisseur !
4. Tu devrais te dépêcher.
5. Vous ne devriez pas boire de vin ce soir !
6. Il faudrait attendre vos amis ! Nous devrions attendre vos amis !
7. Il faudrait préparer les soupes ! Vous devriez préparer les soupes !

Fiche métier

1. 1F - 2F - 3? - 4V - 5V

2. Ce métier artisanal est très créatif. / Libre

3. Libre

Entraînement aux examens professionnels

Écouter

1. Transcription 🎧 piste 33

Journaliste : [...] véritable aberration diététique, les nuggets-frites sont la pire des propositions pour un enfant.

Nutritionniste : Vous avez deux produits frits dans le même menu, dans le même repas, alors que nous, les nutritionnistes, on dit que pour un enfant un, deux produits frits par semaine, ça suffit. Et là, vous les mettez au même menu ! Ça va pas !

Journaliste : Mettons que les sorties au restaurant restent ponctuelles, pas de danger pour la santé des enfants. Heureusement, certains restaurateurs jouent la carte de l'éducation au goût : c'est le cas d'Alexandra. Dans son restaurant, pour 12 euros, les enfants ont le droit de choisir leur menu dans la même carte que leurs parents.

Alexandra : J'ai un enfant qui a quatre ans, et quand

je sors, généralement les menus se limitent à steak-frites ; ça m'a frustré, et j'ai préféré proposer dans mon restaurant justement quelque chose qui pourrait convenir à tous les enfants, et en tout cas à leur donner le choix...

Journaliste : Les mêmes plats que pour les adultes, mais dans des proportions adaptées à l'âge des enfants. Les parents sont ravis...

Mère : L'effet de sortir des restaurants un peu habituels, voilà avec steak-frites, les nuggets-frites, les pâtes...

Serveur : Avez-vous choisi ?

Enfant 1 : Un filet de julienne.

Serveur : Un filet...

Enfant 2 : Magret de canard sur sommier.

Serveur : Un magret de canard...

Journaliste femme : Le poisson, et les tagliatelles de poireaux auront-ils le mêmes succès qu'un steak-frites ?

Enfant 1 : Wow !!!

Mère : C'est beau !!!

Enfant 1 : Ça me plaît de décorer les choses, surtout le filet de julienne qui est très bon ! D'habitude, je n'aime pas les poireaux, mais là je les ai goûtés surtout avec des tagliatelles.

Enfant 2 : C'est la première fois que je mange du magret de canard : je trouve ça bon !

Journaliste femme : Comme quoi, un menu enfant peut être aussi un vrai moment de découverte et de plaisir culinaire.

Solutions : 1V - 2V - 3F - 4V - 5F - 6. Parce que les menus enfants l'ont frustrée ; les enfants ont le droit de choisir. - 7. Les plats du menu enfants sont les mêmes que dans les menus des adultes, mais dans des proportions réduites. - 8. Un filet de julienne et un magret de canard sur sommier. - 9. Ils sont enthousiastes. - 10. « Wow ! » « Je trouve ça bon ! ».

Lire

2. 1b - 2a - 3. À célébrer les moments les plus importants de la vie des individus. - 4. Au fait d'être bien ensemble, à la convivialité. - 5F; Il devrait toucher tous les sens. - 6F; Il doit respecter un schéma: de l'apéritif au digestif, à travers au moins une entrée, un plat principal, du fromage et un dessert. - 7. Le gastronome est celui qui possède une connaissance approfondie de la tradition culinaire française. - 8. La tâche du gastronome est celle d'en préserver la mémoire, et de veiller à la pratique vivante des rites auprès des jeunes générations.

Écrire

3. Libre

4. Libre

Parler

5. Libre

Lire

6.

1. Non. Faire un changement dans nos habitudes, même si c'est un changement positif, est toujours un vrai défi car nos habitudes sont créées par notre culture et notre culture fonde notre identité.

2. Car on s'accroche très souvent à comment notre famille, nos parents, nos professeurs, notre région nous ont éduqués. Ça nous rassure. On s'accroche, et on passe à côté de deux parties cruciales de la vie : le changement et l'évolution.

3. Pas vraiment. Il faut de la pratique, car on n'est peut être pas habitué(e) à rapidement penser et cuisiner un repas à base végétale. Le schéma « viande et accompagnement » va être bousculé, pour le meilleur, mais cela demande de s'aventurer dans de nouvelles façons de penser l'assiette et la cuisine.

4. Réponse libre

5. Pas vraiment non plus. Trop souvent, on pense que pour cuisiner végétarien, il faut changer radicalement d'alimentation et renier toute notre culture. Cette perception, erronée, nous empêche de franchir le pas car elle nous donne l'impression que ce changement est trop drastique et fou. On peut cuisiner végétarien, uniquement avec des produits culturellement (...) locaux.

6. Réponse libre

Écrire

7. Réponse libre

8. Réponse libre

Parler

9. Réponse libre

Civilisation

1. 1F - 2V - 3F - 4V - 5. Les présentoirs. - 6. Les enseignes, les vitrines, les façades, les portes d'entrée et la devanture des restaurants. - 7. La concurrence des autres compétiteurs. - 8. Des affiches, des banderoles, des ardoises et des panneaux. - 9. Des techniques de communication avant tout visuelles, qui séduisent émotionnellement le client. - 10. Un menu digital est un menu sur un écran, placé à l'extérieur du restaurant, ou à l'intérieur, qui permet aux clients de visualiser interactivement les plats proposés.

Atelier vidéo

1. *Suggestions*
1. L'importance de la qualité et surtout du respect du produit
2. (Promenade dans les allées des) Halles de Lyon
3. Au stand du fromager.

2. Selon Paul Bocuse, pour faire une bonne **cuisine**, il faut un bon **produit** mais surtout **respecter** le produit. Il est important de travailler le **produit** d'une façon propre, en respectant les différentes **températures** et en faisant attention aux **cuissons**.

3. Du jambon, du vin, des macarons, des tartes, des fruits de mer, du fromage.

4.
1. Depuis 10 ans.
2. Il était professeur en salle, maître d'hôtel.
3. Le chef qui s'occupe de tout ce qui est cuisine et le maître d'hôtel qui s'occupe des vins à conseiller selon le menu.
4. Le maître d'hôtel ou le sommelier, quelquefois un chef de rang.

Pour info : Aujourd'hui, les Halles de Lyon – Paul Bocuse regroupent une soixantaine de commer-

çants. Les fameux fromages de la Mère Richard ou de Maréchal, les charcuteries de chez Colette Sibilia ou de chez Gast, les viandes exceptionnelles du boucher Maurice Trolliet ou encore les célèbres spécialités gastronomiques de Sève ou Bahadourian... Tous ces produits d'exception – et bien d'autres ! – sont vendus aux Halles. Mais on peut aussi y trouver les produits les plus simples, toujours de qualité, s'attabler dans un bouchon, préférer le fameux mâchon lyonnais ou simplement déguster des huîtres au comptoir des écaillers.
Nombre de commerçants : 56
Commerces : Primeurs, fromagers, poissonniers, écaillers, bouchers, charcutiers-traiteurs, boulangers-pâtissiers, restaurants.

Unité 4

Recettes et design

Leçon 01 — Recettes françaises et francophones

1. 1V - 2F - 3V - 4V - 5F - 6V

2. **Voir tableau page suivante.**

3. Transcription et solutions ⏱ piste 34

Ficelle Picarde
Pour **deux** personnes
Faites la **pâte** à crêpes en **mélangeant** 75 g de farine, 1/8 de **litre** de lait, 1 **œuf** et du sel. Faites **4** crêpes aussi **fines** que possible. Pour la **garniture**, préparez **100 g** de champignons de Paris, 1 **échalote**, 1 cuillère à **soupe** de farine, 1 verre de **lait**, 4 tranches de **jambon**, 100 g de **crème** fraîche et **100 g** de gruyère **râpé**. Posez la tranche de **jambon** sur la crêpe, et dans une **poêle** faites revenir la préparation de champignons **hachés** avec l'**échalote** et le beurre. Puis **étalez** et roulez la crêpe. **Déposez** de la **crème** fraîche et du **gruyère** râpé sur les crêpes **roulées** avant de les **enfourner** au four **10** minutes. À déguster bien **chaud** et avec **gourmandise**.

4. Libre

5. Transcription et solutions ⏱ piste 35
Préparation : **10** min

Cuisson : environ **50** min

*Ingrédients pour **8** personnes* :

- **1 litre** de lait
- **6** œufs
- environ **25** gros pruneaux (soit environ **300** g dé-noyautés)
- **250** g de farine
- **160** g de beurre (facultatif)
- **200** g de sucre en poudre
- **un verre** à liqueur de rhum
- **1 pincée** de sel

Faites **macérer** les pruneaux dans le rhum additionné d'eau tiède et laissez-les **gonfler**.

Coupez le beurre en petits morceaux.

À feu doux, **chauffez** le lait avec le beurre et la moitié du sucre jusqu'à ce que le beurre soit **fondu**. Puis **coupez** le feu et laissez **tiédir**.

Battez les œufs avec le reste du sucre jusqu'à faire **blanchir** le mélange et le faire **devenir** un peu mousseux.

Disposez la farine en puits dans un récipient, **ajoutez** le sel. **Versez** la moitié du mélange œufs/sucre au centre du puits. **Mélangez** au fouet en **incorporant** petit à petit la farine qui se trouve sur les bords.

Quand le mélange est bien homogène, **incorporez** le reste du mélange œufs/sucre, toujours à l'aide du fouet. Vous devez obtenir une pâte bien lisse.

Ajoutez le lait tiède petit à petit en continuant à **mélanger** au fouet.

Beurrez et **farinez** un plat à four haut de 4 à 5 cm. **Versez** la pâte, puis **répartissez** les pruneaux égouttés. **Enfournez** à 180 °C pendant 45 min. à 1 heure en surveillant la fin de la cuisson (le temps de cuisson varie selon la hauteur du plat et les performances de votre four). Quand le far est cuit et bien doré, **retirez-le** du four. Laissez-le **refroidir**, puis **coupez-le** en tranches, en carrés ou en rectangles (selon la forme de votre moule).

Dégustez-le tiède ou froid.

6. 1F - 2F - 3F - 4V - 5. La bouillabaisse, la pissaladière et la ratatouille. - 6. Des oignons, des olives noires, des câpres, des anchois, des herbes de Provence et de l'huile d'olive. - 7. Parce que le terroir provençal produit beaucoup de légumes, justement ceux qu'on utilise dans la ratatouille. - 8. Parce que les ingrédients sont les ingrédients typiques des montagnes : pommes de terre et fromages. - 9. Beaufort, Emmental, Comté. - 10. Parce que la pêche est très développée.

7. Libre

8. *Suggestion pour la recette*

Ne pas écailler les poissons de roche. Les rincer et vider les plus gros. Laver et couper grossièrement les poireaux. Éplucher, laver et hacher les oignons. Éplucher et écraser les gousses d'ail. Laver et égoutter le persil et le fenouil. Concasser les tomates. Dans une

Régions	Plats typiques	Ingrédients
Nord-Pas-de-Calais	Waterzoï	Poissons de rivière
	Hochepot	Viande, queue de bœuf, légumes
	Carbonade	Bœuf, bière, cassonade
Picardie	Ficelle picarde	
	Harengs à l'Abbevilloise	Harengs
Normandie	Sole de Dieppe	Sole
	Tripes à la mode de Caen	Tripes
Bretagne	Crêpes bretonnes	
	Far breton	
Alsace	Choucroute	Saucisses, lard, chou macéré
Bourgogne	Bœuf bourguignon	Bœuf, vin rouge
	Coq-au-vin	Coq, vin rouge

marmite, sur feu doux, faire revenir ces légumes avec l'huile d'olive, le laurier, l'écorce d'orange et le piment. Laisser cuire 15 minutes. Ajouter les poissons de roche et assaisonner. Laisser colorer le tout pendant 15 minutes, puis verser 3 litres d'eau bouillante. Laisser frémir pendant encore 10 minutes. Hors du feu, retirer les tiges de fenouil et l'écorce d'orange. Passer le restant au presse-purée muni d'une grosse grille, puis au chinois. Ajouter le safran. Rectifier l'assaisonnement et réserver. Nettoyer la seiche et la couper en morceaux de 4 centimètres de côté. Garder les tentacules entiers. Mettre 3 louches de fond de poisson et 3 louches d'eau dans une casserole et y faire cuire la seiche pendant 40 minutes. Éplucher, laver et couper les pommes de terre en gros dés. Les faire cuire pendant 30 minutes environ dans un faitout avec une quantité égale de fond de poisson et d'eau. Saler. Réaliser l'aïoli. Dans une saucière, réserver une dizaine de cuillerées à café d'aïoli pour accompagner les pommes de terre, les seiches. Verser le restant dans un grand récipient. Mettre les tranches de pain à dessécher dans le four à basse température. Les réserver dans une soupière. Verser le restant du fond de poisson dans une cocotte et porter à ébullition. Dans le fond de poisson frémissant, cuire les crabes pendant 3 minutes. Les égoutter et les réserver. Laisser frémir le fond de poisson et faire pocher les poissons. La baudroie étant plus longue à cuire, la plonger en premier. Disposer les pommes de terre sur le côté d'un grand plat de service, puis répartir délicatement les poissons, la seiche et les crabes de l'autre côté. Mettre ce plat au four quelques secondes, le temps de préparer le bouillon. Rassembler tous les jus de cuisson et les passer à la passoire. Mettre ce bouillon dans une casserole et porter à ébullition. Verser immédiatement le bouillon bouillant sur l'aïoli en remuant énergiquement à l'aide d'un fouet. Rectifier l'assaisonnement. En recouvrir les tranches de pain. Servir immédiatement avec la saucière d'aïoli.

www.cote.azur.fr/recette_la-bourride

9. Transcription ⏱ piste 36

Les ingrédients pour 6 personnes
Pour la pâte
300 g de farine • **200** g de sucre • **200** g de beurre • **1** œuf • **2** jaunes d'œufs • **1** citron • **1** cuillère à café de levure • sel
Pour la crème pâtissière

1/4 de litre de lait • **50** g de farine • **50** g de sucre • **2** jaunes d'œufs • **2** œufs • **1/2** gousse de vanille

1d   Vous versez la farine dans une terrine et creusez une fontaine.

2a   Vous ajoutez les 2 jaunes d'œufs ainsi que l'œuf entier (battu au préalable).

3k   Ajouter ensuite la levure, le sucre, le sel, le beurre (en petits morceaux) et le zeste de citron.

4b   Travailler la pâte jusqu'à ce qu'elle devienne bien lisse.

5c   Après vous la roulez en boule et vous la laissez reposer au moins deux heures au frais, dans un linge fariné.

6i   Pour la crème pâtissière, faites chauffer le lait en y ajoutant la 1/2 gousse de vanille.

7e   Dans une terrine, mettez le sucre, les 2 jaunes d'œufs, les deux entiers (battus).

8f   Faites blanchir le mélange en le travaillant avec une cuillère en bois.

9g   Ajoutez la farine en pluie ainsi que le sel.

10h Ajoutez ensuite le lait chaud tout en continuant à tourner.

11n Versez le mélange obtenu dans une casserole et faites chauffer très doucement, tout en tournant.

12o Veillez à ce que la crème épaississe un peu.

13j Sortez enfin la casserole du feu, et continuez à tourner jusqu'à ce que la crème refroidisse.

14v Prenez ensuite un "moule à manqué" (ou un moule à tourte, c'est-à-dire avec un fond profond).

15p Beurrez et farinez le moule.

16q Prenez la boule de pâte et divisez-la en deux parts, correspondant au 1/3 et 2/3.

17u Étendez au rouleau le plus gros morceau et garnissez le moule, en veillant bien à former un bourrelet sur les côtés.

18r Versez la crème refroidie dans le moule.

19s Prenez le reste de pâte, étendez-la au rouleau et placez-la au dessus de la crème, comme un couvercle.

20t Veillez à "raccorder" les bords des 2 morceaux de pâte en les mouillant et les pinçant.

21v Prenez une fourchette et dessinez des décorations sur le haut du gâteau.

22m Mettez au four (180 °C - préalablement chauffé) et laissez cuire 30 à 35 minutes.

10. 1V - 2F - 3F - 4V - 5F - 6V - 7F - 8V

11. Libre

Leçon 02 /// Outils et méthode

1. 1d - 2c - 3b - 4a - 5f - 6j - 7i - 8g - 9e - 10h

2. Transcription ⓘ piste 37

Cuisinier: Les différents à points de cuisson des viandes : on va commencer par cuire nos viandes dans une poêle chaude avec un filet d'huile. Je repartis bien mon huile, je vais commencer par saisir mes pièces de viande. Au bout d'une minute, lorsque mes pièces sont bien colorées, je les retourne. Pour les viandes bleues, je vais les laisser à peu près une minute de chaque côté. Pour les viandes saignantes, à peu près deux minutes de chaque côté ; pour les viandes à point, on va laisser à peu près trois minutes de chaque côté ; et pour les viandes bien cuites à peu près quatre minutes. Mon premier morceau est bleu, mon deuxième est saignant. Je continue la cuisson aux derniers. On les laisse reposer sous une feuille de papier aluminium, par exemple, au moins autant de temps que le temps de cuisson. Le principe, que les fibres à l'intérieur puissent se relâcher, et qu'on puisse égaliser complètement la cuisson.

Solutions :

Type de cuisson	Temps de cuisson	Temps de repos
À point	3 minutes	3 minutes
Saignant	2 minutes	2 minutes
Bleu	1 minute	1 minute
Bien cuit	4 minutes	4 minutes

3. 1f - 2i - 3e - 4a - 5j - 6h - 7b - 8d - 9g - 10c

4.

1. L'expression « Je le/la/les dévore des yeux » signifie que l'on aime tellement une personne ou une chose que l'on la regarde comme si on voulait la manger, l'avoir à nous seuls. Dans ce contexte, cette expression signifie que l'on commence à manger un mets à partir de son aspect, de sa présentation. Il faut que l'apparence soit liée à la substance.

2. Bien choisir le plat de service, sa couleur, que la couleur de l'assiette se marie bien avec les mets, que la garniture soit bien assortie, qu'il y ait un point d'attention.

3. Pour présenter des rôtis ou des poissons, il faut des plats allongés, et, pour les légumes, des légumiers ou des raviers (petits plats creux généralement oblongs).

4. Cake design.

5. Libre

6. 1F - 2V - 3F - 4F - 5V - 6V - 7. Elle conseille et aide les entreprises à concevoir les produits du futur. - 8. Par « démocratisation alimentaire », on entend que maintenant la plupart des couches sociales, au moins dans le monde occidental, peut accéder à la nourriture et au plaisir qui en dérive - 9. Le goût et le regard. - 10. Elles jouent un rôle important dans l'innovation.

7. Transcription ⓘ piste 38

Entretien avec un pionnier du design culinaire

Stéphane Bureaux a fondé sa propre agence de « design global » à Paris en 1989. Travaillant dans divers secteurs d'activité, il est l'un des premiers designers à s'intéresser à la cuisine.

01men : En tant que designer, dans quels domaines intervenez-vous ?

Stéphane Bureaux : On fait aussi bien appel à moi dans le domaine automobile [...] que dans celui de l'électroménager [...]. Le design n'a pas de limites !

01men : Comment avez-vous eu l'idée d'appliquer le design à la cuisine ?

Stéphane Bureaux : Je me suis mis à réfléchir sur le design culinaire avec le pâtissier Stéphane Marchal à une époque où personne n'en parlait. Nous avons commencé par aménager sa boutique, [...] à Nancy. Puis, je me suis pris au jeu et j'ai eu envie d'aller jusqu'au bout en dessinant les gâteaux.

01men : Comment a été accueilli votre travail ?

Stéphane Bureaux : Nos créations ont d'abord remporté un succès à l'étranger. Puis, peu à peu, on a aussi parlé de nous en France. Aujourd'hui, le public et les médias sont acquis à la cause du design. Mais le secteur agroalimentaire et les chefs tardent à s'y mettre.

01men : Au-delà des belles compositions, qu'est-ce que le design apporte à la cuisine ?

Stéphane Bureaux : Le design va au-delà de la présentation, même si elle est importante. C'est une façon de penser la cuisine en se posant des questions : Pourquoi ? Comment ? J'ai souvent constaté que les grands chefs, même les plus étoilés, adoptent pour la plupart une démarche intuitive qu'ils ont généralement du mal à exprimer. Le design peut justement les aider à analyser leur démarche [...], à extraire leur personnalité et à la mettre en forme.

01men : Quelles seront les prochaines applications de vos recherches ?

Stéphane Bureaux : J'ai noué plusieurs contacts avec des salons professionnels et des industriels de la pâtisserie. Le sujet commence à susciter un vrai intérêt !

www.01men.com/editorial/345279/entretien-avec-un-pionnier-du-design-culinaire

1. C'est un designer, donc il peut travailler dans n'importe quelle branche du design mais il a choisi le design culinaire.
2. Parce qu'un designer doit être capable de dessiner n'importe quoi.
3. Il commence à travailler dans ce domaine avec le pâtissier Stéphane Marchal et il commence à dessiner des gâteaux.
4. Il a du succès dans le monde entier, puis en France.
5. Ils sont un peu lents à comprendre les opportunités du design culinaire.
6. Parce qu'il sert aux chefs à se poser des questions sur leur démarche.
7. Le design peut les aider à exprimer leur personnalité.
8. Oui. Dans le domaine de la pâtisserie, par exemple, le sujet commence à intéresser les professionnels.

Grammaire

1.
1. Vous cuisinerez. Vous allez cuisiner.
2. Nous prendrons. Nous allons prendre.
3. Ils finiront. Ils vont finir.
4. Tu sortiras. Tu vas sortir.
5. Je dirai. Je vais dire.
6. Elle écrira. Elle va écrire.

2.
1. Vous **enverrez** cette recette par mail.
2. Ils **auront** toujours beaucoup de chance !
3. Nous **serons** là à 20 h 00.
4. Tu **devras** téléphoner à l'hôtel.
5. Je **ferai** tout ce que je **pourrai**.
6. Il **viendra** au rendez-vous, j'espère !

3.
1. Ce soir, on **pourrait aller** au cinéma !
2. Tu **pourrais me donner** du pain ?
3. Je **voudrais venir** avec toi.
4. Tu **devrais** lui téléphoner.
5. Il **faudrait leur répondre** tout de suite.
6. Est-ce que vous **auriez** des cigarettes ?

4.
1. Vous **pourriez** me donner cette poêle ?
2. Nous **voudrions** deux mousses au chocolat, s'il vous plaît.
3. Pour avoir ces fromages, il **faudrait** téléphoner au fournisseur tout de suite.
4. Mes parents **aimeraient** faire votre connaissance.
5. Tu **devrais** te reposer, tu es en vacances !
6. Est-ce que vous **auriez** les homards que je vous avais commandés ?

5.
1. Mon ami **m'**a fait un beau cadeau d'anniversaire.
2. Tu n'as pas mis ton pull ? Mais regarde-**toi** ! Tu auras froid habillé ainsi !
3. Nous **vous** avons téléphoné hier, mais vous n'étiez pas chez **vous**.
4. Jeanne a des jumeaux, une fille et un garçon ; elle **les** a appelés Marc et Sophie.

5. Ils vont à la boulangerie, puis ils rentrent chez **eux**.
6. Dis-**moi**, mais quand me rendras-tu mon livre de français ?
7. Nous allons au stade ; tu veux **y** aller avec **nous** ?
8. Vous avez encore de la salade, s'il vous plaît ? – Oui, je vais vous **en** chercher tout de suite, Madame !

6.
1. Tu as pris tes affaires ? – Oui, je **les** ai pris**es**.
2. Vous avez rempli vos formulaires ? – Oui, nous **les** avons rempli**s**.
3. La brasserie que tu **m'**as signalé**e**, n'est pas celle qu'il me faut.
4. Vous prenez de la tarte ? – Non, merci, j'**en** ai déjà pris.
5. Les entrées que j'ai vu**es** sur la carte ne me plaisent pas.
6. Vous avez vu les prix de ce restaurant ? – Eh oui, nous **les** avons vu**s** !

7. 1. Vous lui offrez un jus d'orange.
2. Nous lui adressons une question.
3. Vous nous le conseillez.
4. Le serveur vous les apporte.
5. Apportez-les-nous !
6. Dis-la-lui !
7. Tu la lui donnes ?
8. Vous la leur rendez ?

Fiche métier

1. 1V - 2V - 3F - 4V - 5? - 6F - 7? - 8F

2.

Pronoms personnels :
– Alain Ducasse, devenu également éditeur, **lui** a proposé de l'actualiser et de le traduire.
– Alain Ducasse Édition **le** publie.
– On y trouvera, en filigrane, une vision de la cuisine française de grande tradition [...] comme il aime à **le** dire [...]
– elles ne **vous** quittent jamais !
– mais on peut toujours essayer de s'**en** approcher un tant soit peu.
– Libre

3.

Demain j'**irai** à la présentation du *Grand Livre de Cuisine* écrit par Joël Robuchon. C'est curieux, celui qui l'a publié est l'autre grand chef de la cuisine française, Alain Ducasse ! La présentation **aura** lieu au Publicisdrugstore sur les Champs-Elysées, où beaucoup de gens **se rendront** pour écouter ces deux grands amis-ennemis de la scène culinaire française. Mais, la raison pour laquelle les deux personnages se sont alliés dans ce projet de publication des Grands Livres de la Cuisine, à part la motivation commerciale, c'est l'envie de publier des ouvrages dont le but principal est de célébrer conjointement l'excellence et la tradition des produits et de la cuisine française. Je pense que j'**obiendrai** du matériel pour un bon article.

Mathilde Monclair

Entraînement aux examens professionnels

Écouter

1. Transcription 🕐 piste 39

Une recette de tarte au citron meringuée, une recette traditionnelle, mais si délicieuse...

On va commencer par l'appareil de crème au citron. Première chose, pressez le jus de citron. Dans une casserole, faire fondre le beurre avec le jus de citron. Pendant ce temps, dans un bol, mélangez les œufs entiers et le sucre. Fouettez vigoureusement les œufs et le sucre pour les blanchir. Puis versez dessus le jus de citron et le beurre fondu. Bien mélanger, et remettre le tout à cuire. Tout comme la crème anglaise, il s'agit de porter à ébullition, puis de baisser légèrement, et cuire à peu près trois minutes tout en fouettant. Une fois la crème de citron épaissie, la verser dans les fonds de pâte sablée cuits à blanc et laisser le tout refroidir au réfrigérateur au moins une heure.

Pour la meringue, mettre les blancs d'œuf ainsi que la moitié du sucre en poudre et battre le tout en neige. Lorsque la meringue est montée aux trois-quarts, on ajoute alors le reste du sucre en poudre. La meringue est déjà ferme, on va maintenant la serrer, c'est-à-dire ajouter le sucre restant et fouetter rapidement pour la rendre plus dense. Lorsque la meringue est prête, on va garnir à l'aide d'une poche munie d'une douille cannelée, pour pouvoir décorer les tartes au citron. Les tartes sont restées une heure au réfrigérateur, elles sont bien froides, la crème au citron a figé, je les garnis avec la meringue. Puis, à l'aide d'un chalumeau, je vais venir brûler la meringue. Voici les tartes au citron meringuées, prêtes à être dégustées.

Solutions : 1F - 2F - 3V - 4V - 5F - 6V - 7 œufs, sucre, beurre, citron - 8 chalumeau, poche

Lire

2.

1. Il est important pour ceux qui cuisinent (nouvelles recettes) et pour ceux qui aiment tout simplement manger (adresses de restaurants, de fournisseurs de produits de bonne qualité).
2. Marmiton c'est un site très riche : il propose une quantité énorme de recettes, avec des actualités culinaires et des thématiques liées à l'alimentation.
3. **Table à découvert** propose des critiques de restaurants.
4. Le blog a ouvert à la journaliste créatrice les portes du Cook Show, au salon Egast.
5. La grande règle de toutes les règles de **Papilles et Pupilles** est la sincérité absolue.
6. **Table à découvert** est un blog qui s'occupe de restaurants, Papilles et Pupilles est un blog qui rassemble pour la plupart des recettes.

Écrire

3. Libre

Parler

4. Libre

Lire

5.

1. Beaucoup de restaurants sont en train d'ouvrir et Montréal rivalise avec New York.
2. Ils explorent avec fougue le patrimoine culinaire et la myriade de produits méconnus de leur contrée.
3. Des créations à base de plantes et de petits fruits sauvages, d'herbes indigènes, tels le sapin baumier ou le persil de mer, de sirops et de salaisons - cerf, lièvre fumé, crabe des neiges...
4. Un entreprise qui veut mettre en avant

la « *culture québécoise à travers ses aliments, son territoire, et ceux qui le cultivent.* » Travaillant étroitement avec une cinquantaine de familles d'agriculteurs et de pêcheurs, Société-Orignal développe des produits d'exception issus du terroir québécois : huile de tournesol ou de caméline, sirop d'érable haut de gamme, vinaigre de pommes tardives, baies rares, bière noire...

5. Française, anglaise, asiatique et américaine.

Écrire

6. bols - chaudron - hachoir - bol - robot culinaire - moule à pain

7. Réponse libre

Parler

8. Réponse libre

Civilisation

1.

1V - 2V - 3F - 4. Un dîner presque parfait, Masterchef, Top Chef. - 5. À cause de l'amour de la bonne cuisine et le besoin de convivialité des gens. - 6V. *Justification* : -« d'un côté, l'individualisme qui se manifeste aussi dans la disparition du repas en famille vu comme rite, et de l'autre la recherche du moment de communion du foyer représenté par la table ». - 7F *Justification* : « il y a les mêmes mécanismes qui expliquent la mode des émissions de téléréalité: intrusion dans la vie des candidats, compétition qui amènent le spectateur à s'identifier au personnage de la télé ». - 8V *Justification* : « ce qu'on voit à la télé, c'est tout simplement du spectacle qui simplifie le quotidien du travail en cuisine et aussi la complexité, la longueur et les difficultés du parcours pour devenir chef ».

Atelier vidéo

1.

1. La choucroute est rincée une ou deux fois (selon son acidité).
2. On fait infuser avec du cumin, de la coriandre,

du thym, du laurier et des baies de genièvre.

3. On pèse la choucroute.
4. On ajoute des oignons confits.
5. On cuit la choucroute une vingtaine de minutes avec des poitrines fumées.

2.
1. Depuis 25-30 ans.
2. Du lait, de la farine, du sucre, des œufs.
3. La galette (salée) est à base de farine de sarrasin (ou farine de blé noir) alors que la crêpe (sucrée) est à base de farine blanche.
4. Des œufs, du fromage, du jambon, du saumon, etc.
5. Du beurre, du sucre, de la confiture, du chocolat, du Nutella, du caramel.

3. 1V - 2V - 3F - 4F - 5V - 6V - 7F

Unité 5

Je peux vous suggérer...

Leçon 01 — Savoir parler du vin

1. 1b, c, e - 2c - 3b, d - 4b - 5 b, d, c, a

2. 1b - 2d - 3a - 4c

3. 1. Fines bulles : 6-8 °C - 2. Vins blancs et rosés secs : 8-10 °C - 3. Vins blancs demi-secs à moelleux : 10-12 °C - 4. Rouges légers : 14-16 °C - 5. Rouges structurés : 16-20 °C

4. 1f - 2c - 3a - 4b - 5d - 6e

5. Solutions possibles : Champagne, Alsace, Bordeaux, Val de Loire, Bourgogne, Jura, Savoie, Sud-Ouest, Languedoc Roussillon, Côtes du Rhône, Provence et Corse

6. 1. millésime - 2. terroir - 3. vin - 4. vin de table - 5. vin de pays - 6. vinification - 7. raisin - 8. vendanges - 9. œnologie - 10. fût - 11. cépage - 12. vin primeur/nouveau

7. 1. Alsace - 2. Champagne - 3. Bourgogne - 4. Jura - 5. Vallée de la Loire - 6. Beaujolais - 7. Vallée du Rhône - 8. Corse - 9. Sud-ouest - 10. Bordelais.

8. 1f - 2e - 3d - 4c - 5b - 6a

9. 1. Bourgueil - 2. Champagne - 3. Crozes Hermitage - 4. Pouilly Fuissé

10. Libre

11. Transcription 🔊 piste 40

Le Sancerre est un vin produit dans la région du Val de Loire, dans l'ouest de la France. Il est issu d'un cépage de Sauvignon blanc. La robe est translucide avec des reflets vert vif. Il a un nez minéral et légèrement fumé avec une belle fraîcheur. La bouche est vive, franche, grasse sur les fleurs mais garde ce côté fumé agréable et élégant. Il a une belle finale minérale. Je vous le recommande fortement. Vous verrez, vous ne serez pas déçus.

Solutions : 1F - 2F - 3V - 4F - 5V - 6V - 7F - 8?

12. Libre

13. Transcription 🔊 piste 41

À la terrasse d'un café

Le serveur : Bonjour Madame, vous désirez boire quelque chose ?

La cliente : Oui, je prendrai un verre de vin, mais je ne sais pas quel vin choisir.

Le serveur : Vous préférez un vin rouge ou un vin blanc ? Ou peut-être préférez-vous un rosé ?

La cliente : Je vais prendre du vin blanc.

Le serveur : Sec ou moelleux ?

La cliente : Plutôt moelleux.

Le serveur : D'accord. Dans ce cas, je peux vous proposer un Sauternes.

La cliente : Très bien. Alors un verre de Sauternes !

Le serveur : Prendrez-vous quelque chose à manger ?

La cliente : Non merci, ce sera tout.

Solutions : 1F, la cliente préfère le vin blanc - 2V - 3F, la cliente prend un verre de vin - 4F, la cliente ne prend rien à manger.

14. Libre

Leçon 02 — Savoir expliquer les recettes

1.
– Enlever l'excédent de gras des viandes, puis ficeler les viandes et les os.
– Laver tous les légumes.

– Éplucher les carottes, les navets et les pommes de terre puis tailler-les en gros tronçons.
– Couper le haut du vert des poireaux.
– Éplucher l'oignon et le couper en 2 dans la hauteur, puis colorer le fortement, dans une poêle chaude.
– Piquer ensuite 1 clou de girofle dedans. Couper la tête d'ail en 2.
– Mettre la viande dans une cocotte, couvrer d'eau et porter à ébullition rapidement.
– Écumer régulièrement.
– Ajouter le gros sel, les grains de poivre, l'oignon, la tête d'ail et le bouquet garni. Laisser cuire pendant 1 h 30.
– Ajouter ensuite les légumes ainsi que les os à moelle. Finir en ajoutant les pommes de terre.
2. Un faitout, des couteaux, une louche, un écumoir, des saladiers, des assiettes
3. Libre

2. 1. raconté - 2. conseille/recommande - 3. aider/conseiller - 4. incite - 5. conseillé/recommandé - conseillés - 6. décrit/raconté

3. 1. eau - 2. oignon - 3. morceaux - 4. doux - 5. pâte - 6. beurre - 7. aubergines - 8. tarte - 9. viande - 10. casserole - 11. minutes - 12. feu - 13. mélange

4. Libre

5. Transcription 🔊 piste 42

Soupe à l'oignon
Préparation
– Pelez et émincez les oignons, faites-les revenir dans le mélange beurre, huile.
– Saupoudrez le mélange de farine, mouillez d'eau chaude et de vin blanc et assaisonnez.
– Couvrez et laissez bouillonner doucement pendant 20 minutes.
– Faites griller le pain, disposez chaque tranche dans le fond de 4 petits bols individuels supportant le passage au four.
– Saupoudrez d'un peu de fromage râpé. Versez la soupe par-dessus.
– Saupoudrez à nouveau de fromage et faites gratiner.

www.marmiton.org

6. Solutions possibles
Les ingrédients : 4 gros oignons - 50 g de beurre - 1 cuillère à soupe d'huile - 1 cuillère à soupe de farine - 1 litre d'eau - 25 cl (un verre) de vin blanc sec - sel, poivre - 6 tranches de pains de mie - 100 g de comté râpé ou de gruyère (si on est en Italie, on peut mettre du fromage *grana* ou du parmesan)
Le temps de préparation : 25 min
Le temps de cuisson : 20 min
Le type de mets (entrée, plat principal, dessert) : entrée
Le coût (cher, bon marché) : bon marché

www.marmiton.org

7.
Terrrine de campagne aux foies de volaille
Trempez la crépine dans de l'eau froide avec un peu de vinaigre blanc pour la rincer au moins 2 heures avant. Épluchez l'échalote et l'oignon. Ciselez le persil plat. Épluchez l'ail. Ciselez l'échalote. Préparez les foies de volailles en séparant le fiel des foies, coupez-les en gros dés. Hachez l'oignon, l'ail, la volaille et la gorge de porc dans un hachoir. Dans une poêle chaude avec un filet d'huile d'olive, faites revenir les foies et les échalotes sans coloration et déglacez avec la moitié du cognac. Mélangez la viande hachée, les foies de volaille, les échalotes, le persil, le reste de cognac et le sel. Préchauffez le four à 180 °C. Tapissez une terrine de crépine en la laissant déborder, puis mettez la farce et rabattez la crépine. Enfournez au bain-marie pendant 1 h 30 environ.

8. 1d - 2a - 3a - 4b - 5c - 6f

9. 1g - 2d - 3e - 4f - 5b - 6c - 7a

10. Réponse libre

11.
Laura : Qu'est-ce qui se passe ? Tu vas bien ?
Catherine : Non, je sombre dans le désespoir ! Ce soir Maurice vient dîner chez moi et Alberto, son correspondant italien, sera avec lui.
Laura : Ah bon... Le gars italien aux cheveux longs et noirs dont tu es déjà tombée amoureuse... un véritable coup de foudre.
Catherine : Ne rigole pas ! La question est sérieuse. J'ai préparé un dîner français et j'aurais voulu cuisiner la tarte tropézienne. J'ai trouvé la recette sur Internet mais elle est trop difficile.
Laura : Ne t'inquiète pas. Prends un stylo, suis mes

instructions et tu vas faire fondre ton Albert.

Catherine : Bon, je suis prête.

Laura : Alors, avant tout, il te faut 50 g de farine, 100 g de sucre, 50 cl de lait, 3 œufs, 1 gousse de vanille, 20 cl de crème liquide entière et quelques gouttes de fleur d'oranger et 2 pincées de sel. Tu sais préparer la crème pâtissière ?

Catherine : Bien sûr.

Laura : Bon alors il ne te reste que la pâte à brioche. Pour faire une bonne pâte, tu fouettes la farine, le sel et le sucre, puis tu ajoutes les œufs et la levure diluée et tu mélanges doucement quelques minutes.

Catherine : Combien de minutes ?

Laura : Jusqu'à avoir une pâte légèrement collante. Puis tu ajoutes alors le beurre coupé en petits morceaux et tu incorpores les zestes de citron à la brioche. Ensuite tu laisses reposer la pâte, couverte d'un torchon, 1 heure et pendant ce temps, tu prépares la crème. Après il faut que tu étales la brioche et la découpes en disque que tu déposes sur une plaque de cuisson. Et tu parsèmes le dessus de la brioche de sucre et de dés de beurre. Tu enfournes à 200 °C pendant 20 min. Et enfin à l'aide d'une poche à pâtisserie, tu dresses la crème sur le disque de brioche ouvert et tu la saupoudres de sucre glace avant de servir.

Catherine : Tu es super ! Je t'embrasse et je file préparer la tarte parce que je dois encore me doucher et m'habiller.

Laura : Demain je veux tout savoir sur la soirée. Bises.

12. 1F - 2V - 3F - 4F - 5F - 6V - 7F

13.

Recette Tarte tropézienne

Tamiser la farine et le sel. Verser au centre la levure délayée dans le lait tiède, incorporer assez de farine pour avoir un pâton souple. L'inciser, le poudrer de farine et le couvrir d'un linge, puis laisser lever 30 min dans un endroit tiède. Ensuite, incorporer l'œuf, le sucre et le reste de farine, et enfin le beurre. Battre vigoureusement pendant 10 min jusqu'à ce que la pâte se détache des parois. Laisser lever 30 min.Crever la pâte (retirer l'air en enfonçant son poing dans la pâte) puis attendre de nouveau 30 min. Porter le lait à ébullition avec la vanille fendue en deux et laisser infuser 20 min. Battre les jaunes d'œufs avec le sucre jusqu'à blanchiment, incorporer la farine et peu à peu le lait réchauffé.Transvaser dans une casserole et faire bouillir 1 min en remuant. Laisser ensuite épaissir doucement sur feu moyen en remuant constamment. La crème doit bien napper la cuillère. Lorsqu'elle a pris une bonne consistance, la verser dans une jatte puis la poudrer de sucre glace. La laisser refroidir d'abord à température ambiante puis au réfrigérateur.Beurrer et fariner une plaque de cuisson. Pétrir la pâte levée quelques instants, l'étaler en un disque épais de 2cm, la poser sur la plaque, et la laisse à nouveau lever 30 min. Préchauffer le four à 180°C (thermostat 6).Faire fondre et refroidir les ingrédients du glaçage, puis badigeonner la pâte avec. Cuire au four 25 min. Pendant ce temps, incorporer dans la crème pâtissière les blancs d'œufs en neige et l'eau de fleur d'oranger. Lorsque le biscuit est cuit, le sortir du four et attendre qu'il soit refroidi avant de le couper en 2 dans l'épaisseur avec un grand couteau-scie. Couvrir le disque inférieur de crème, de façon assez épaisse puis poser dessus le deuxième disque. Décorer avec les gros grains de sucre.

Grammaire

1. 1. c'est - 2. il y a - 3. il y a - 4. c'est - 5. c'est - 6. il y a - 7. c'est - 8. il y a - 9. il y a - 10. c'est

2. 1. ce sont - 2. il y a - 3. c'est - 4. c'est - 5. ce sont - 6. il y a - 7. ce sont - 8. c'est - 9. ce sont - 10. il y a

3. 1. il y a - 2. il y a - 3. ce sont - 4. il y a - 5. ce sont - 6. c'est

4. 1. Il n'y a pas de fête chez mon ami.
2. Il n'y a pas de tables dans la salle à manger.
3. Il n'y a pas d'huile sur la table.
4. il n'y a plus de places libres.
5. Il n'y a pas de clients dans cet hôtel.
6. Il n'y a pas beaucoup de clients dans ce restaurant.
7. Il n'y a pas de portable dans le bureau.
8. Il n'y a pas de cinéma dans ce village.

5. 1. Y a-t-il du sel ?/Est-ce qu'il y a du sel ?
2. Y a-t-il des magasins ouverts ?/Est-ce qu'il y a

des magasins ouverts ?

3. Y a-t-il des clients dans ce restaurant ?/Est-ce qu'il y a des clients dans ce restaurant ?

4. Y a-t-il de la tarte ? Est-ce qu'il y a de la tarte ?

5. Y a-t-il un serveur dans cette cantine ? Est-ce qu'il y a un serveur dans cette cantine ?

6.

1. Il y a beaucoup de visiteurs dans ce musée. / Dans ce musée il y a beaucoup de visiteurs.

2. Ce sont les amis algériens de mon copain.

3. C'est toi qui a sonné à la porte ?

4. C'est un restaurant très célèbre.

5. Il y a des touristes américains dans cet hôtel. / Dans cet hôtel il y a des touristes américains.

6. Ce sont eux qui sont venus chez toi ?

7. Cette femme, c'est Madame Dufour.

8. Voilà M. et Mme Cordier, ce sont mes voisins.

7.

1. Libre

2. Libre

3. Libre (Je vais en vacances à..., en..., aux...)

4. Ils vivent au Portugal.

5. Il vient de France.

6. Il est né en Égypte.

7. Elle se trouve au Canada, au Québec.

8. Aux États-Unis.

9. À Paris, en France.

10. D'Australie.

8.

Dans ma classe, il y a trois garçons qui viennent des États-Unis. Ils aiment la cuisine italienne et ils sont venus en Italie pour apprendre à bien cuisiner. Ils ont un ami égyptien qui a vécu au Maroc mais qui, aujourd'hui, veut séjourner un an à Rome pour bien apprendre l'italien et étudier l'art de la cuisine. Il va retourner en Égypte pour ouvrir un café au Caire. Notre classe est composée de 25 personnes, nous provenons de pays différents, il y a aussi un Français qui est né à la Martinique. Lui, il veut aller en France pour gérer un restaurant créole à Paris.

9. Libre

Fiche métier

1. 1F - 2F - 3V - 4? - 5V - 6F - 7F - 8F - 9V - 10V

2. Il est nécessaire - verbe *être* ; Il faut savoir - verbe *falloir* ; Il lui arrive - verbe *arriver* ; Il est difficile - verbe *être*

3.

Accueillir : J'accueille - J'ai accueilli - J'accueillais - Accueille !

Savoir : Tu sais - Tu as su - Tu savais - Sachons !

Prendre : Il prend - Il a pris - Il prenait - Prenez !

Renseigner : Elle renseigne - Elle a renseigné - Elle renseignait - Renseigne !

Veiller : On veille - On a veillé - On veillait - Veillons !

S'exprimer : Vous vous exprimez - Vous vous êtes exprimés - Vous vous exprimiez - Exprime-toi !

Connaître : Ils connaissent - Ils ont connu - Ils connaissaient - Connaissons !

Offrir : Elles offrent - Elles ont offert - Elles offraient - Offrez !

4. 1. C'est - 2. c'est - 3. il y a - 4. c'est - 5. il y a - 6. c'est - 7. c'est

Entraînement aux examens professionnels

Écouter

1. Transcription 🕐 piste 43

Une recette de charlotte aux poires et au chocolat, une recette originale et si délicieuse... On va commencer par l'appareil de mousse au chocolat.

Première chose, il faut préparer la mousse au chocolat, au moins 3 heures à l'avance : Dans une casserole, faites fondre le chocolat avec 4 cuillères à soupe d'eau. Puis mélangez énergiquement à l'aide d'un fouet le chocolat fondu et les jaunes d'œufs. Battez les blancs des œufs en neige avec la pincée de sel. Incorporez délicatement les blancs à la préparation. Laissez la mousse au chocolat refroidir pendant 3 heures au réfrigérateur. Quand la mousse au chocolat est prête, trempez les boudoirs dans le sirop des poires et disposez-les dans le moule à charlotte. Puis alternez une couche de poires, une couche de mousse au chocolat et une couche de biscuits imbibés. Ensuite placez la charlotte au réfrigérateur au minimum 3 heures. Lorsqu'elle est prête, démoulez-la délicatement et disposez-la sur une assiette. Voilà votre charlotte aux poires et au chocolat prête à être dégustée.

Solutions : 1F - 2V - 3V - 4F - 5F - 6V - 7 œufs, chocolat, poires en sirop, sel - 8 moule à charlotte

Lire

2.

La dégustation
Une aventure personnelle

On sait aujourd'hui que chacun perçoit un **vin** selon sa propre sensibilité. Notre perception dépend entièrement de notre histoire et de notre culture, et non directement des caractéristiques **sensorielles** du vin : ce sont nos souvenirs qui donnent au vin sa **coloration** hédonique. Alors, même si la culture définit des normes et des critères de qualité pour chaque produit, libre à chacun d'aimer ou de ne pas aimer un vin !

Une aventure collective

Il faut profiter des commentaires des autres et partager les nôtres pour enrichir notre univers **olfactif** et **gustatif**, étoffer notre connaissance du vin, afin que chaque dégustation devienne plus riche et plus intéressante.
Nul ne pourra jamais — et c'est heureux ! — ni **humer**, ni goûter quoi que ce soit à votre place ; alors voici quelques repères pour se lancer : l'œil pour la **robe**, le **nez** pour le bouquet, la bouche pour le **goût**.

3.

Horizontalement : 1. fut - 5. garniture - 7. carafe - 10. cépage - 12. plat de résistance - 13. magnum - 14. vin - 15. millésime

Verticalement : 2. terroir - 3. hors-d'œuvre - 4. AOC - 6. fromages - 8. champagne - 9. dessert - 11. entrée

Écrire

4.

Tarte Tatin

Ingrédients : 200 g de farine ; 150 g de beurre ; 100 g de **sucre** en poudre ; 6 **pommes** ; sel

Préparation : Préparez une pâte en travaillant la **farine** avec 100 g de beurre divisé en morceaux, délayez avec ½ verre d'eau salée, formez une boule. Épluchez les pommes, coupez-les chacune en 8

quartiers. Faites-les dorer à la poêle dans 50 g de **beurre**, saupoudrez de la moitié du sucre. Secouez la poêle de temps en **temps** pour les faire sauter. Lorsqu'elles sont dorées, ôtez-les du **feu**.
Beurrez un moule à manqué, saupoudrez du restant de **sucre**, disposez les pommes.
Étendez la **pâte** au rouleau et posez-la sur le dessus du moule, rentrez à l'intérieur les morceaux qui débordent. Faites **cuire** 30 mn à four chaud. Retournez la tarte sur un **plat** et servez-la tiède.

Parler

5. Libre

6. Libre

Civilisation

1. 1a - 2c - 3. On y produit du blé, des céréales, du vin, du fromage, de la viande de bovins, d'ovins, de porcins et de volaille. Les forêts fournissent aussi du gibier. 4. « Élevage » est l'ensemble de techniques qui permettent la naissance, le développement et la reproduction d'animaux afin de les vendre et d'en obtenir un résultat économique. 5. Les fromages et les vins de France tirent souvent leurs noms des lieux où on les produit.

2. Libre

3.
1a / Garnitures / Auvergne
2h / Desserts / Aquitaine
3c / Desserts / Bretagne
4f / Plats à base de viande / Basse-Normandie
5e / Divers / Bourgogne
6d / Charcuterie / Aquitaine
7g / Hors-d'œuvre / Alsace
8b / Plats à base de viande / Nord

Atelier vidéo

1. 1d - 2a - 3c - 4e - 5b

2. 1V - 2F - 3V - 4F - 5F - 6V - 7F - 8V

3.

1. Le champagne subit une seconde fermentation en bouteille qui va produire les bulles.
2. Vendanges, pressurage, mise en cuve, fermentation naturelle, après quelques mois mise en bouteille, refermentation (grâce à l'ajout de levures naturelles et de sucres) qui forme l'alcool et le gaz carbonique.
3. Les Maisons de champagne et les récoltants ont des vignes dans plusieurs villages, sur des parcelles différentes, sur plusieurs crus. La particularité du champagne est que l'on mélange les crus pour en faire une cuvée, un type de champagne.
4. L'œnologue peut être comparé au « nez » d'un parfumeur car il travaille avec de nombreux goûts différents et les assemble pour former une cuvée, une identité.

Unité 6 ///////////////////////////

Vous avez choisi ?

//////// Leçon 01 //////// **Réservation et accueil**

1. Comment puis-je vous aider ? - Pour quel jour ? - Pour le déjeuner ou pour le dîner ? - Il nous faudrait - contrôler - des tables libres - me communiquer - vous appeler

2. Exemple de production possible

A : Restaurant « Au coq gaulois », Alain à votre service.

B : Bonjour Monsieur, je voudrais réserver une table pour 7 personnes.

A : Pour quelle date, Monsieur ?

B : Pour samedi 4 avril. On voudrait manger en terrasse.

A : Pas de problème, Monsieur, nous avons encore de la disponibilité. À quelle heure pensez-vous arriver, Monsieur ?

B : À 20 h 30.

A : À quel nom dois-je prendre la réservation ?

B : Duval.

A : Bien Monsieur, nous avons alors la réservation d'une table en terrasse pour 7 personnes au nom Duval, pour le samedi 4 avril.

B : Parfait, Monsieur.

A : Merci de votre réservation, Monsieur Duval, et bonne journée.

3. À votre service - vous aider - personnes - quelle heure - terrasse - une réservation pour 7 personnes pour mardi, table en terrasse, on vous attend à 21 h 00

4.

1. Non, parce qu'elle transmet son stress au client.
2. Non, parce que Julie n'a rien d'important à communiquer à son collaborateur.
3. Monsieur, je suis désolée, mais pour la date que vous avez demandée nous n'avons plus de disponibilité. Voulez-vous réserver pour un autre jour ?
4. Restaurant « Chez Martin », bonjour. Comment puis-je vous aider ? ... Pour quel jour voudriez-vous réserver ? ... Je vous remercie de votre appel.

5. Exemple de production possible

A : Restaurant... Marc à votre service

B : Bonjour Marc, c'est Monsieur Robert. Je suis désolé mais je dois annuler ma réservation pour demain soir.

A : Pas de problème, Monsieur. Voulez-vous réserver pour un autre jour ?

B : Je vous rappellerai, Marc, merci.

A : Merci de votre appel, Monsieur, passez une bonne journée.

6. Exemple de production possible

A : Bonjour Restaurant... Alain à l'appareil. Je voudrais parler à Monsieur Fourier, s'il vous plaît.

B : C'est moi-même.

A : Monsieur, Vous avez réservé une table pour ce soir à 20 h 00. Je me permets de vous déranger pour vous demander si vous pourriez arriver une demi-heure plus tard.

B : Ne vous inquiétez pas, Monsieur. Nous arriverons à 20 h 30.

A : Merci, Monsieur. Vous êtes très gentil.

7. 1. servir - 2. appeler - 3. prendre - 4. téléphoner -

5. offrir - 6. annuler - 7. penser - 8. déjeuner - 9. préférer - 10. communiquer - 11. arriver - 12. balayer

8. Exemple de production possible

Employé : Restaurant... Alice à votre **service**.

Client : Bonjour, je voudrais réserver une table pour demain.

Employé : Oui, Monsieur. Ce sera pour le dîner?

Client : Non, pour le **déjeuner**, merci.

Employé : À quel nom dois-je prendre la réservation ?

Client : Au nom Dupont.

Employé : À quelle heure pensez-vous **arriver**, Monsieur Dupont ?

Client : À 21 h 00.

Employé : Vous serez combien, Monsieur ?

Client : 4 personnes.

Employé : Merci de votre **appel**, Monsieur.

Client : Écoutez.. euh... et si par hasard je devais annuler?

Employé : Bon, pour l'**annulation,** il suffit de nous prévenir par **téléphone** avant 20 h.

Client : D'accord.

9. 1F - 2V - 3V - 4V - 5V - 6F

10. 1b - 2c - 3a - 4e - 5d - 6f

11. Libre

12.
1. Oui, ils ont réservé.
2. Au nom Dupont.
3. Parce qu'ils voudraient manger en terrasse.
4. Une table dans la petite salle.

13. Transcriptions et solutions 🎧 piste 44

Dialogue 1

Employé : Bonjour Mesdames et Messieurs, vous avez réservé ?

Madame : Oui, Monsieur. Nous avions réservé une table pour 5 personnes **près de la cheminée** mais nous sommes 8.

Employé : Je suis désolé mais je ne peux pas ajouter 3 couverts à votre table parce qu'il n'y a pas assez de place. Je dois vous installer à une table **au centre de la salle ou près de la porte d'entrée**.

Madame : Alors je préfère la table **au centre de la salle** parce que je ne supporte pas les courants d'air.

Dialogue 2

Client : Bonsoir, j'avais réservé une table pour 3 personnes **en terrasse**, mais comme notre enfant a mal à la gorge, nous voudrions manger **à l'intérieur**. C'est possible ?

Maître : Certainement Monsieur. Vous préférez une table **dans le coin** ou **près de la fenêtre** ?

Dialogue 3

Client : Bonsoir Monsieur, on voudrait dîner mais nous n'avons pas réservé.

Employé : Bonsoir Messieurs, vous êtes combien ?

Client : Nous sommes 9.

Employé : Alors il ne reste qu'une table **au centre de la salle** ou une table **près de la cuisine**.

Client : Bien, je voudrais la table **au centre** parce que les odeurs de la cuisine me dérangent.

Leçon 02 /// La commande

1. 1F - 2V - 3V - 4? - 5V

2. Transcription 🎧 piste 45

Serveur : Bonjour ! Une table pour deux personnes ?

Client 1 : Oui, nous sommes deux.

Serveur : Bien sûr. Vous préférez cette table-ci ou celle à côté de la fenêtre ?

Client 2 : Celle près de la fenêtre va très bien.

Serveur : Je vous laisse vous installer.

Clients 1 et 2 : Oui, merci.

Serveur : Voici le menu. Désirez-vous un apéritif, Messieurs-dames ?

Client 1 : Non merci.

Serveur : Très bien, je vous laisse regarder.

...

Serveur : Vous avez choisi ?

Client 1 : Oui... Alors en entrée nous allons prendre 2 Soupes du jour. Puis un Steak-frites pour moi.

Serveur : Très bien. Quelle cuisson, Monsieur, pour votre steak ?

Client 1 : À point.

Serveur : Et pour vous, Madame ?

Client 2 : Je vais prendre le Pavé de saumon.

Serveur : Et comme boisson ?

Client 2 : Une carafe d'eau et une bouteille d'eau gazeuse bien fraîche.

Serveur : Merci.

...

Client 2: Serait-il possible d'avoir une bouteille d'eau fraîche ? Celle-ci est à température ambiante.

Serveur: Bien sûr, Madame. Je vous la change immédiatement.

...

Serveur: Voici les soupes... Bon appétit Messieurs-dames.

Clients: Merci.

...

Client 1: Garçon, s'il vous plaît.

Serveur: Oui, Monsieur.

Client 1: Nos soupes sont froides.

Serveur: Je suis désolé Monsieur. Je vous les rapporte chaudes immédiatement.

...

Serveur: Voici le Steak-frites et le Pavé de saumon.

Client 1: Monsieur, il y a un problème. Je vous ai demandé une cuisson à point et mon steak est saignant.

Serveur: Veuillez-nous excuser, Monsieur. Je vous apporte tout de suite un steak à point.

Client 1: Merci.

...

Serveur: Est-ce que cela vous a plu ?

Client 1: On va dire que oui.

Serveur: Désirez-vous un dessert, un café ?

Client 2: Non merci. Pouvez-vous nous apporter l'addition, s'il vous plaît ?

Serveur: Bien sûr, Madame.

Solutions : 1V - 2V - 3F, ils commandent une carafe d'eau et une bouteille d'eau gazeuse. - 4F, ils commandent une bouteille d'eau gazeuse fraîche. - 5V - 6V - 7F, le serveur sert le steak saignant - 8F, les clients ne prennent pas de café.

3. Transcription 🔊 piste 46

Dialogue 1

Client : Excusez-moi, vous avez oublié de marquer sur notre note le jus d'orange pressé.

Serveur : Ah oui, en effet, vous avez raison Monsieur. Je reviens avec une nouvelle note. Merci de me l'avoir signalé et désolé pour cet oubli.

Client : Pas de souci ! Nous sommes des clients honnêtes.

Dialogue 2

Client: Excusez-moi, mais vous nous avez compté

un dessert que nous n'avons pas pris.

Serveur: Laissez-moi contrôler... Vous avez raison, j'ai fait une erreur. Veuillez m'excuser. Alors ça fait 117,40 euros.

Solutions :

1. Le serveur a oublié de marquer sur la note le jus d'orange pressé.

2. Le serveur a ajouté par erreur un dessert que le client n'a pas pris.

4. Solutions possibles

1. Bien sûr, je vous en apporte une tout de suite.

2. Je suis désolé, Monsieur, je vous apporte une autre bouteille.

3. Veuillez nous excuser. Je vous le change immédiatement.

4. Impossible Monsieur, ce vin sort du frigo.

5. Veuillez nous excuser, je vous la change tout de suite.

6. Je suis désolé. Je vous l'apporte immédiatement.

5. Libre

6. enfants - menus - nuggets - frites - jambon blanc - steak haché - saucisse - sirop - soda - jouets - portion - plat à la carte - manger - surgelées - huile - fraîcheur - fruits - légumes - tomates - haricots verts - courgettes - pêches - abricots - glace au chocolat ou à la vanille - restaurateurs - ½ portion - nourrir - envie

7. Libre

8.

1. *Chauffe-biberon*: appareil électrique servant à réchauffer les biberons au bain-marie.

2. *Chaise haute*: chaise plus haute que les chaises normales, pour que les enfants soient à la même hauteur que les adultes. La chaise haute est autonome par rapport au siège d'appoint que l'on doit installer sur une chaise conventionnelle. Elle est munie d'une tablette amovible sur laquelle le jeune enfant peut prendre ses repas.

3. *Biberon*: bouteille graduée munie d'une tétine servant à faire boire les bébés.

4. *Bavoir*: morceau de tissu qui protège la poitrine des bébés.

9. Libre

10. « J'ai deux enfants qui ne mangent pas comme quatre » signifie que la personne a deux enfants qui ne mangent pas beaucoup. « Manger comme quatre » signifie manger en grande quantité (comme quatre personnes).

11. 1s - 2b - 3q - 4r - 5o - 6n - 7m - 8h - 9k - 10j - 11i - 12l - 13g - 14f - 15e - 16p - 17c - 18d - 19a

12. Transcription 🔊 piste 47

Au café

Serveur : Bonjour, Mesdames, comment allez-vous ?

Mme Guilloux : Très bien, Michel, très bien, merci, et vous ?

Serveur : Je ne me plains pas, Madame Guilloux, je vais bien... et puis, vous savez, ici le travail ne manque pas... Et vous, Madame Renaudeau, vous allez mieux après la grippe ?

Mme Renaudeau : Oui, merci, Michel, ça va un peu mieux.

Serveur : Alors, qu'est-ce que je vous apporte ? Du thé vert, une part de tarte aux fraises et une de tarte au citron comme d'habitude ?

Mme Guilloux : Oui, pour moi ce sera un thé vert et une tarte aux fraises comme toujours... et un verre d'eau plate, s'il vous plaît.

Mme Renaudeau : Tu bois de l'eau après le thé ?

Mme Guilloux : Non, c'est pour prendre mes cachets !

Mme Renaudeau : Ah...! Je vois... Bon, ma commande ! Cette fois-ci je voudrais changer... euh... le thé ça va, mais... mais j'aimerais changer de gâteau. Qu'est-ce que vous avez ?

Serveur : Je peux vous conseiller notre superbe tarte Tatin avec de la crème fraîche...

Mme Renaudeau : Euh... je ne sais pas... il faut que je pense à mon cholestérol...

Mme Guilloux : Mais écoute, je trouve que tu exagères ! Pour une petite part de tarte !

Mme Renaudeau : Oui, mais, tu sais, je ne veux pas être malade...

Mme Guilloux : Oh, toujours la même histoire avec toi !

Serveur : Mesdames, j'ai peut-être la solution ! Notre pâtissier, ces derniers temps, expérimente de nouvelles recettes, des recettes, disons, *light*, et je vous assure, il fait une magnifique tarte au citron, celle que vous aimez, Mme Renaudeau,

sans crème ni beurre. Vous voulez la goûter ? Je vous la conseille !

Mme Renaudeau : Elle a la même saveur que l'autre ?

Serveur : Les clients qui l'ont goûtée en ont été ravis !

Mme Renaudeau : Alors, si vous me le dites, je vais essayer cette tarte miraculeuse !

Serveur : Très bien, Mesdames, je vous apporte ça tout de suite !

Mme Guilloux : Tu es toujours méfiante ! Michel nous a toujours bien conseillées ! Il faut lui laisser un bon pourboire aujourd'hui, il en a eu de la patience !

Mme Renaudeau : Ben, c'est quand même son travail, et puis, le service est compris !

Mme Guilloux : Je ne connaissais pas encore ton côté « radin ». C'est à cause de la grippe ou tu as changé de caractère ?

Mme Renaudeau : Mais non, je plaisantais. Lorsqu'il nous apportera l'addition, je lui laisserai un bon pourboire !

Solutions : 1F - 2. Mme Renaudeau - 3b - 4. un thé vert, une tarte aux fraises et un verre d'eau plate - 5c - 6. du cholestérol - 7. il lui propose de prendre de la tarte au citron sans beurre ni crème - 8. oui - 9a - 10b

13. Transcription et solutions 🔊 piste 48

Au café

Serveuse : **Bonjour, qu'est-ce que je vous sers ?**

Jeune homme : Qu'est-ce que tu prends, chérie ? Un café ?

Jeune femme : Euh... Je préfère une orange pressée.

Serveuse : **Très bien Madame ! Et pour vous, Monsieur ?**

Jeune homme : Pour moi, un café, s'il vous plaît.

Serveuse : **Un expresso ?**

Jeune homme : Non, un café allongé.

Serveuse : **D'accord... ce sera tout ?**

Jeune femme : Oui, merci.

Serveuse : **Voilà vos boissons...**

Jeune homme : Pardon Mademoiselle, je peux avoir l'addition ?

Serveuse : **Elle est là, dans la soucoupe en plastique, Monsieur !**

Jeune homme : Ah, merci, je ne l'avais pas vue...

14. Libre

15.

1. Il est formé des mots : « pour » et « boire » ; cela signifie que l'on donne une petite somme d'argent correspondant au prix d'une boisson.
2. À partir du XVIIème siècle.
3. Molière. Dans *L'École des femmes*.
4. Il y en a plusieurs mais surtout les gens qui travaillent dans le domaine de l'hôtellerie-restauration.
5. Parce que le service n'était pas compris et que le salaire des employés dépendait aussi des pourboires donnés.
6. Non, c'est à la discrétion du client.
7. Généralement, on laisse de 1 à 2,50 euros pour une boisson au café ou pour un repas. Le chiffre augmente en fonction de la catégorie des restaurants.

16. Libre

17. Libre

18. Boissons chaudes (café, thé, chocolat, infusion) et froides (sodas, eaux).
Les apéritifs, les digestifs, les bières (pression ou en bouteille), les vins (rouge, rosé, blanc, au verre, en pichet, en carafe).

19. Exemple de dialogue
Barman : Bonsoir Messieurs, qu'est-ce que je peux vous servir ?
Client 1 : Pour moi un Martini dry avec beaucoup de glace.
Client 2 : Je ne sais pas encore...
Barman : Nous avons un bon whisky ce soir.
Client 2 : Non, je préfère un cocktail ou une boisson rafraîchissante. Il fait très chaud ce soir.
Barman : Alors je vous conseille un Gin Fizz ou une boisson non alcoolisée, je pourrais vous préparer un bon cocktail à base de fruits.
Client 2 : Bien, je prends un cocktail de fruits. Il fait chaud et en plus je dois conduire.

20. a. un shaker - b. une flûte - c. un tumbler

Grammaire

1.
1. aucune - 2. aucun - 3. aucun - 4. aucun - 5. aucun - 6. aucune - 7. aucune - 8. aucun - 9. aucune - 10. aucun

2.
1. toute - 2. tous - 3. toute - 4. toute - 5. toutes - 6. tout - 7. tous - 8. toute - 9. toutes - 10. tout

3.
1. personne - 2. aucun - 3. personne - 4. personne - 5. aucun - 6. rien - 7. personne - 8. rien - 9. aucun - 10. personne

4.
1. Aujourd'hui j'ai passé quelques (A) coups de fil à mes amis pour savoir s'ils avaient des nouvelles du concours, mais ils ne savent rien (P).
2. Les journaux, je les ai tous (P) lus, mais je n'ai trouvé aucune (A) petite annonce pour le poste que tu m'as signalé.
3. Je croyais qu'ils cherchaient quelqu'un (P) mais ils n'ont pas besoin de nouveau personnel.
4. Dans ce restaurant, tout (A) commis de salle porte un uniforme assez élégant.
5. Demain, j'ai un entretien d'embauche, c'est le patron lui-même qui m'a appelé (A) !
6. Chaque (A) matin je prépare la salle et chaque (A) soir je débarrasse les tables, tous (A) les jours comme si c'était le premier jour de travail.

5.
1. Le maître d'hôtel s'en occupe.
2. Pierre n'en a pas envie.
3. Tu en parles.
4. Nous n'en avons pas l'habitude.
5. En avez-vous discuté avec Sophie ?
6. Il en revient dans une semaine.
7. Elles en sont toutes sorties.
8. Son ami en a acheté.
9. J'en prends.
10. Est-ce que tu en as ?

6.
1. Oui, j'en ai assez.
2. Oui, j'en veux beaucoup.
3. Oui, il en a réservé plusieurs.
4. Non, nous n'en avons nettoyé aucune.
5. Oui, j'en ai mangé assez.
6. Oui, ils en ont mangé deux.

7. Libre

Fiche métier

1.

Questions

1. Quelle est la mission d'un employé de café ?
2. Que doit aussi prendre en charge un employé de café ?
3. De quoi s'occupe un employé de café ?
4. Qui est-ce qui doit répondre aux demandes de la clientèle ?
5. Quelles sont les compétences techniques d'un employé de café ?
6. Sur quoi se fonde une bonne compétence relationnelle ?

Phrases interrogatives indirectes

1. Je te demande quelle est la mission d'un employé de café.
2. Je veux savoir ce qu'un employé de café doit prendre en charge.
3. Dis-moi de quoi s'occupe un employé de café.
4. Fais-moi savoir qui doit répondre aux demandes de la clientèle.
5. Il lui a demandé quelles sont les compétences techniques d'un employé de café.
6. Il a finalement su sur quoi se fonde une bonne compétence relationnelle.

Entraînement aux examens professionnels

Écouter

1. Transcription et solutions piste 49

Serveur : Bonjour **Messieurs-dames** ! Où voulez-vous vous asseoir ?

Client : Ici, ça va ?

Cliente : Oui, c'est parfait.

Serveur : Qu'est-ce que vous **prenez** ?

Client : Pour moi un **plat du jour** ; des moules marinières avec pommes de terre, n'est-ce pas ?

Serveur : Oui, Monsieur, c'est bien ça. Et vous, Madame ?

Cliente : Je vois que vous avez du couscous...

Serveur : Oui, Madame, et vous pouvez **choisir** : à la

viande ou bien au **poisson**. Autrement, au poulet, c'est très fin !

Cliente : Je ne **sais** pas... euh... Finalement je vais prendre le **couscous** au poisson !

Serveur : Très bon choix, Madame. Et comme **boisson**, qu'est-ce que je vous apporte ?

Client : Nous avons choisi le poisson et les moules.... alors du **vin blanc**. Qu'est-ce que tu en penses, chérie ?

Cliente : Tout à fait d'accord avec toi !

Serveur : Alors je vous **conseille** un Bourgogne ou un Sancerre sec.

Client : Va pour le Bourgogne, ma femme et moi l'aimons beaucoup.

Serveur : Bon, je m'en occupe. À **tout de suite** !

...

Cliente : Monsieur, l'**addition**, s'il vous plaît !

Serveur : Bien sûr, Madame !

Client : Ah, nous payons par **carte de crédit** !

Serveur : Très bien !

Client : Mais, Monsieur, nous n'avons pas **pris** de dessert ni de café !

Serveur : Oh, je m'excuse, je me suis trompé de **ticket de caisse** ! Je vous ai apporté l'addition de la **table** huit !

Client : Ce n'est pas grave ! L'important, c'est que l'on se soit aperçu de l'**erreur** !

Serveur : Désolé, Monsieur, mais **cela peut arriver** lorsqu'on a trop de travail !

Client : Je vois, votre **restaurant** est bondé aujourd'hui.

Lire

2.

1F - *Justification* : « L'accueil du restaurant n'est pas digne d'un 5* », « Le maître d'hôtel du restaurant est présomptueux, arrogant et maladroit dans ses relations », « Un petit point négatif toutefois pour les chaises de jardin ».

2V - *Justification* : « Le maître d'hôtel du restaurant est présomptueux, arrogant ».

3F - *Justification* : « mets succulents ».

4F - *Justification* : « Pourquoi serrer tous les clients dans une même salle ? ».

5V - *Justification* : « Un petit point négatif toutefois pour les chaises de jardin sur lesquelles nous étions assis ».

6V - *Justification* : « Je vous remercie de faire part de vos impressions », « Je vous remercie pour votre commentaire ».

7V - *Justification* : « Nous attachons une très grande importance aux remarques de nos hôtes, afin de prendre les mesures nécessaires et ainsi améliorer la qualité de nos services », « Nous avons aussi lu avec beaucoup d'attention vos remarques qui ont été transmises au maître d'hôtel ».

8V - *Justification* : « notre parc ».

9V - *Justification* : « Concernant notre véranda, (...) la majeur partie de nos clients désirent dîner dans cette salle ».

10V - *Justification* : « Dans cette salle, au style « jardin d'hiver », (dont les chaises participent à ce style)... ».

11F - *Justification* : « en cette période automnale », « Avis posté le 30 octobre 201... ».

12V - *Justification* : « (...) espère avoir le plaisir de vous accueillir de nouveau à « La bonne fourchette ».

Écrire

3. Libre

Parler

4. Libre

5. Libre

6. Libre

Civilisation

1. 1. 1a - 2. - Irma de Montigny - 3. Par des cochers et des prostituées - 4. Parce qu'il a fait faillite - 5. Ce sont les hommes et femmes qui travaillaient « massivement » comme figurants chez Maxim's - 6. Maxime Gaillard et Pierre Cardin - 7b - 8c - 9. 3, rue Royale, Paris

Atelier vidéo

1. Les personnes en terrasse mangent, lisent le journal, regardent passer les gens, elles discutent, elles bavardent, elles s'embrassent, elles passent un coup de fil, elles fument.

2. 1F Les touristes aussi aiment fréquenter les cafés français. - 2V - 3V - 4F au XXème siècle - 5V - 6F L'atmosphère des *Deux Magots* est raffinée. - 7F Le café *Les Deux Magots* est l'un des plus anciens cafés de Paris. - 8V

3. Libre
Pour information : Le nom du café *Les Deux Magots* a pour origine l'enseigne d'un magasin de nouveautés, fondé en 1813, qui occupait jadis le même emplacement. De cette époque témoignent encore les deux statues qui ornent la salle de l'établissement. Ayant à cœur de perpétuer les anciennes traditions, les garçons de café sont habillés d'un rondin noir et d'un tablier blanc, et le service est fait sur un plateau.

Unité 7
Où est-ce qu'on va ce soir ?

Leçon 01 — Bistrot, brasserie et compagnie

1.

La restauration collective : Il s'agit de celle proposée aux personnes travaillant ou séjournant dans les collectivités : **entreprises**, administrations, écoles, hôpitaux, cliniques, maisons de retraite, prisons... [...]

La restauration commerciale : Elle comprend la restauration traditionnelle, les cafés-restaurants, les restaurants à **thèmes**, la restauration rapide à l'anglo-saxonne ou à la française, les **cafétérias**... [...]

La restauration traditionnelle : Elle représente 75% de la restauration **commerciale**. Son univers est très vaste puisqu'il va de la haute **gastronomie** jusqu'au petit restaurant de quartier, en passant par le semi-gastro, la **brasserie** et intègre aussi les activités de restauration avec un **service** à table ou en libre service (de type cafétéria), la restauration ferroviaire ou maritime, les restaurants à thèmes, les bars-**restaurants**.

La restauration rapide : Ce sont les restaurants qui fournissent au **comptoir** aliments et boissons à consommer sur **place** ou à **emporter**, présentés dans des conditionnements jetables. Cela comprend également les ventes de glaces à consommer sur place ou à emporter ainsi que les **salons** de thé.

Les chaînes de restauration commerciale

Cette activité est très variée et se répartit entre la restauration **rapide** (McDonald's, Quick, KFC), les cafétérias (Flunch, cafétéria Casino), et les chaînes de restauration à service **complet** (Buffalo Grill, Courtepaille, Pizza Pasta del Arte, Pizza Hut), et même des chaînes de brasserie et de restauration traditionnelle (Le bistro du marché, Taverne de Maître Kanter), ou encore des chaînes de restaurant à thème (El Rancho, Flam's).

2. Suggestions

1. Dans un bistrot (dans le premier sens du terme), on pouvait consommer toutes sortes de boissons chaudes et fraîches et quelques plats simples, de tous les jours.
2. Des habitués, des habitants du quartier ou du village, mais aussi des travailleurs qui viennent y déjeuner.
3. Il s'agit de restaurants qui proposent un décor rétro et où l'on peut manger une haute gastronomie à des prix bas.
4. On peut y consommer notamment de la bière et des plats rapidement préparés, de la cuisine traditionnelle.

3. Transcription et solutions 🕐 piste 50

Speaker 1: Et aujourd'hui nous allons parler d'un type de restauration à **thème** : il s'agit des **crêperies**, Matthieu.

Speaker 2: Exactement. Les **crêperies** sont très populaires en France, on en trouve dans toutes les villes. Elles proposent des **crêpes** (à base de farine de froment, d'œufs, de sucre et de lait) ou des **galettes** (à base de farine de blé noir, d'œufs, d'eau et de sel), ce sont des spécialités régionales de **Bretagne**. On consomme en général les crêpes **sucrées** (beurre/sucre, avec de la confiture, de la glace, du chocolat, et j'en passe…) et les galettes **salées** (avec du jambon, du fromage, des tomates, des champignons, des œufs, et bien plus encore).

Speaker 1: Et pour accompagner tout cela, on boit de la **bière** ?

Speaker 2: Non, on boit traditionnellement du **cidre** avec les crêpes et les galettes.

4.

1V - *Justification* : « Bar à pâtes, la grande tendance de la restauration rapide ! », « Le succès au rendez-vous ».

2V - *Justification* : « Bar à pâtes, la grande tendance de la restauration rapide ! », « Les bars à pâtes faisaient leur apparition sur le marché de la restauration rapide ».

3F - *Justification* : « Il y a quelques années, les bars à pâtes faisaient leur apparition sur le marché de la restauration rapide ».

4V - *Justification* : « On les croyait réservées à la table, les voilà à présent faciles à emporter. Servies toutes chaudes en cornet ou simplement en pause déjeuner sur place ».

5V - *Justification* : « Le concept est simple : proposer différents menus autour d'un plat de pâtes, avec ou sans dessert, et avec la boisson de votre choix »

6F - *Justification* : « C'est justement la diversité des recettes proposées dans les bars à pâtes qui font le succès du concept ».

5.

1. On met à disposition sur un îlot des salades préparées et des barquettes. Le client peut remplir librement sa barquette avec les produits désirés et choisir son assaisonnement.
2. Les amateurs de nourriture saine, qui se préoccupent de leur santé.
3. Chaque client peut confectionner librement sa propre salade.
4. Une clientèle plutôt féminine qui se préoccupe de son équilibre alimentaire.
5. Libre.
6. 1d - 2b - 3c - 4a - 5e - 6g - 7f
7. Libre

Leçon 02 — Traiteurs, chefs à domicile et caves

1.
1. approvisionnement - 2. artisan - 3. cocktail - 4. buffet - 5. traiteur - 6. catering - 7. livraison - 8. TOR

2.
1V - *Justification* : « qui démocratise bon goût et

cuisine gastronomique ».

2F - *Justification* : « s'est considérablement développé en France comme en Italie. », « le nombre des adeptes de la formule ne cesse de se développer ».

3V - *Justification* : « les tarifs pratiqués correspondent à ceux des grands restaurants gastronomiques étoilés ».

4V - *Justification* : « sans avoir à se préoccuper de la bonne cuisson des mets, pouvoir se consacrer entièrement à ses convives, apprécier tranquillement... ».

5F - *Justification* : « A partir de deux couverts ».

6F - *Justification* : « le chef désigné et son personnel prendra tout en charge, des courses (...) au nettoyage des lieux où il aura opéré ».

7V - *Justification* : « Cette formule attire vers le métier de nombreux jeunes désireux de se lancer dans l'aventure ».

8F - *Justification* : « Un cursus de formation reste nécessaire mais pas suffisant ».

9F - *Justification* : « La grande majorité des clients (...) sont des gens qui cuisinent, ils aiment découvrir de nouvelles recettes et voir comment s'y prend un professionnel ».

10V - *Justification* : « Vous devrez maîtriser cette phase du contact et posséder d'excellentes qualités relationnelles ».

3. 1V - 2V - 3F - 4V

4. 1V - 2F - 3F - 4F

5.

1. Non, elle est très active et se réinvente quotidiennement. Elle reste une référence, ne serait-ce que par la qualité de ses techniques.

2. La cuisine véhicule beaucoup de valeurs. Elle donne du plaisir, invite à la convivialité, facilite le partage, nous met au défi d'innover, porte haut l'hospitalité, génère de la proximité avec les gens, les clients.

3. Elle permet d'évoluer, de s'enrichir. La différence des cultures crée une richesse dans la gastronomie mondiale. Il faut la préserver.

6.

Vente directe

Avantages

- On n'a pas besoin d'intermédiaires.

- Le prix est meilleur.
- Meilleure qualité des produits.
- Respect pour l'environnement et pour le travail des paysans.

Justification

- On achète directement à la ferme ou à la cave de la ferme.
- On n'a pas besoin des grossistes.
- On achète des produits toujours frais.
- Les producteurs s'engagent à garantir une agriculture durable. L'agriculteur décide du prix d'un produit.

Inconvénients

- Horaires et choix des produits.

Justification

- Les horaires de vente d'une ferme sont généralement limités par rapport aux horaires d'un supermarché.
- Le choix des produits est lié à la saison et au type de produits qu'on peut cultiver.

7. Transcription et solutions ⏱ **piste 51**

La Compagnie des **Vins** Surnaturels

Le lieu. Bien implanté sur la **rive gauche** de la Seine, le groupe de jeunes à la tête d'autres cocktail-clubs confirme sa position avec **cet espace dédié au vin**. L'esprit y est fidèle à celui de leurs autres adresses : un **mobilier** glamour, cheminées et fauteuils **moelleux**. De quoi **séduire sans mal** les riverains du quartier, toutes générations confondues ou presque, très bon chic.

Dans l'assiette et dans le verre. Avec un nom pareil, il aurait été dommage de ne pas assurer avec les vins. **Le choix est varié au verre** et bien sûr **en bouteille** (300 références annoncées) avec une certaine posture bordelaise. Les grignotages jouent les faire-valoir autant que la sécurité : jambon ibérique, **fromages affinés**, burrata, **terrine au safran**.

Bravo. **Le verre de vin mystère** (12 € quand même) dont on gagne la **bouteille** si on l'identifie.

Attention : il n'est pas toujours évident **de trouver une place**. Dommage !

Ouvert **tous les jours**. Prix **à la carte** environ 30-40 €. Pas de **réservation**.

8. Libre

Grammaire

1. 1. une inauguration - 2. une réservation - 3. une annulation - 4. un achat, un acheteur - 5. une participation - 6. une facturation, une facture - 7. une livraison, un livreur - 8. une réclamation - 9. une commande - 10. une vente, un vendeur/euse

2. 1. alimenter - 2. approvisionner - 3. fournir - 4. innover - 5. conseiller - 6. suggérer - 7. choisir - 8. obéir - 9. sortir - 10. appeler

3.
1. L'acteur est dirigé **par** le réalisateur.
2. La terrasse est entourée **d'**un jardin.
3. Ils ont été accueillis **par** toute la brigade de salle.
4. Ce menu est demandé **par** tous les touristes.
5. La salle était décorée **de** guirlandes de fleurs.
6. La réception avait été organisée **par** une entreprise italienne de catering.

4.
1. Un verre a été renversé par Paul sur la nappe blanche.
2. Le maître est apprécié des clients de ce restaurant.
3. Les boissons sont servies d'abord.
4. Un stock de serviettes de table a été commandé par le responsable de l'approvisionnement.
5. L'ouverture de la bouteille de Champagne a été suivie du toast.
6. L'histoire de notre brasserie a été racontée.

5.
1. Elle a rencontré l'ami **qu'**elle n'avait pas vu depuis longtemps.
2. Prends les assiettes **qui** sont sur l'étagère !
3. Je vous montre l'addition **où** il y a une erreur !
4. Dis-moi le jour **où** tu es à l'école.
5. Son frère a de **quoi** vivre !
6. La femme avec **qui** il est allé au cinéma, je la connais !

6. Libre

7.
1. Tu connais l'équipe dans **laquelle** il joue ?
2. Vous voulez jouer au jeu **auquel** vous avez joué hier ?
3. Je vous présente la fille **de laquelle (de qui)** je vous avais parlé.
4. Les livres **auxquels** il fait allusion sont de Balzac.
5. Les dames pour **lesquelles (pour qui)** il travaille sont espagnoles.
6. Tu te souviens de ce film à la fin **duquel** nous sommes allés danser ?

Fiche métier

1.
1. Le traiteur peut **être chargé** de tout.
2. L'organisation, la préparation, la mise en place **sont englobées** dans sa prestation.
3. Toutes sortes de menus **sont créés** par le traiteur.
4. Les aliments **sont conservés** dans les meilleures conditions.
5. Les plats **sont dégustés** 24 heures après leur préparation.
6. Une équipe de serveurs peut **être engagée** selon la taille de la réception.
7. Les buffets **seront présentés** le jour dit.
8. Le métier peut **être appris** chez un professionnel expérimenté.

2. 1. organisation - 2. remettre - 3. choisir - 4. création - 5. réalisation - 6. livrer - 7. gérance - 8. commander - 9. fournir - 10. présentation - 11. conserver - 12. développement

3.
1. Le TOR est un organisateur **qui** gère inlassablement vos cérémonies.
2. Le thème **que** le client a choisi, c'est « noir et blanc ».
3. Le domaine **dont** il s'occupe, ce sont les congrès.
4. Le salon **où** on a organisé notre mariage était immense.
5. La mise en place **que** vous avez choisie est très raffinée.

6. Celui **qui** est responsable des fleurs, c'est quelqu'un **que** je connais bien !
7. Les débouchés **qu'**un jeune traiteur peut avoir sont nombreux.
8. Le professionnel **dont** il apprend les secrets du métier est expérimenté.

Entraînement aux examens professionnels

Écouter

1. Transcription ⓘ piste 52

Bon après-midi mes jeunes amis ! Nous voilà encore une fois ensemble pour les « Jeudis du goûter, recettes pour petits et grands du « Resto TF1 » ». Nous allons ajouter une autre recette facile à notre carnet de cuisine. Vous pourrez la réaliser avec l'aide de vos parents ou de vos grands frères ou soeurs, car vous devez allumer le feu, mais elle n'est pas difficile, elle est prête en cinq minutes ! Et, vous verrez, vos amis apprécieront !
Alors, au travail !
Pour 12 personnes il faut :
• 6 petits pains
• 4 cuillères à soupe de miel
• 20 g de beurre
• 3 cuillères à soupe d'amandes émondées.
Solutions : 1c - 2c - 3a - 4b - 5a - 6c

2.

Transcription et solutions ⓘ piste 53

Vous avez tous les ingrédients ? Passons maintenant à la **préparation**. Dans un bol, **mélangez** le miel avec le beurre. **Chauffez** une poêle anti-adhésive à sec et **faites griller** légèrement les amandes. Quand elles sont blondes, **égouttez-les** sur un papier absorbant. **Laissez-les** refroidir et **hachez-les**. **Ajoutez-les** dans le bol du miel au beurre et remuez jusqu'à ce que la pâte soit homogène. Coupez les petits pains en deux. **Toastez-les** très légèrement. **Tartinez** chaque moitié de petit pain de miel aux amandes.

Lire
3.

1F - 2F - 3V - 4V - 5. Il y a une galerie-musée, une librairie, une boutique et la salle restaurant. - 6. Très haut : le chef, Fabrice Nessi a travaillé chez « Ducasse ». - 7. Oui, il a été jugé le meilleur restaurant de Bruxelles par les internautes de tripadvisor. - 8. Il y a des spécialités belges (Carbonades flamandes, Vol-au-vent au coucou de malines, Velouté de chicons aux truffes), et des hamburgers aussi (Obélix Burger).

Écrire
4. Libre
5. Libre

Parler
6. Libre

Écrire
7. Libre

8. Transcription et solutions ⓘ piste 54

Des conseils pour devenir « chef à domicile »
Journaliste : Quels conseils donneriez-vous à un jeune désireux de se lancer dans le métier ?
Savoir cuisiner et y prendre **plaisir** reste une évidence ; à la limite, même sans diplôme on peut très bien s'en sortir. Il n'est pas absolument nécessaire de posséder tous les certificats de toutes les écoles **hôtelières**. Posséder un excellent **relationnel**, convaincre les clients en faisant passer sa passion, aimer le **contact**, en bref, avoir le talent de **donner envie** aux clients sont les meilleurs gages de la réussite d'un jeune cuisinier motivé.
Pour lui, terminé « métro, boulot, dodo », il ne sera plus jamais dans la **routine**.
Chaque jour, il vivra une vraie **aventure** humaine en rencontrant de nouvelles personnes dans de nouveaux univers il pourra échanger avec tous les milieux sociaux professionnels : artistes, politiques, ouvriers, célibataires, familles nombreuses. À chaque fois des **rencontres**, plein d'univers.
Un travail varié (rarement deux fois de suite le même plat) dans un décor toujours renouvelé. On n'est jamais dans la routine. Quand on sonne chez les gens, ce n'est jamais le jour où il y a une panne, mais pour participer à une **fête**... C'est magique !

www.lemarchedutravail.fr/blogs

Civilisation

1. 1F - 2? - 3F - 4V - 5F - 6F - 7? - 8V

2.

1. Il s'agit de quatre publicités : un restaurant-hôtel, une entreprise de réservation, sur internet ou par application iPhone, de plats à emporter, une brasserie typique de Paris et une publicité d'un traiteur/boulanger-pâtissier de Rennes.

2. La publicité, *HOTEL ** Porte St Pierre* présente un établissement qui est à la fois hôtel et restaurant. L'enseigne de style rétro un peu datée rappelle que l'établissement existe depuis 1936, cela suppose qu'il détient une certaine réputation due à son ancienneté. La mention Produits de la Mer laisse supposer que cet établissement est situé en bord de mer. L'impression que l'on en reçoit est celle d'un restaurant traditionnel français peut être destiné aux touristes de passage.

La publicité *www.monmenu.com* propose une solution moderne au problème du repas de midi pour les gens qui travaillent ou pour les personnes qui se servent de leur Iphone ou de leur tablette dans plusieurs situations de la journée. On peut commander son repas sur Internet ou bien depuis son ordinateur dans un restaurant près de l'endroit où l'on se trouve et aller le récupérer sans faire la queue. Les couleurs nettes et le style du dessin mettent en relief la nécessité de profiter du temps de la pause pour s'éloigner de la vie frénétique dans une ville moderne. On peut être aussi très modernes et branchés grâce à l'utilisation des nouvelles technologies (iPhone, iPad, etc.).

La publicité de la brasserie *Terminus Sud*, rue de Lyon à Paris, montre au premier plan une mise en place, au second plan, l'entrée du restaurant. La photo est prise en diagonale, ce qui permet de donner un peu de mouvement à cette publicité apparemment très simple. Les informations sont essentielles, probablement parce que la brasserie a déjà un public fidélisé qui n'a pas besoin d'autres précisions. Et la brasserie n'a peut-être pas besoin de trouver d'autres clients, on veut peut-être éviter les groupes de touristes.

La dernière publicité semble être celle d'un boulanger-pâtissier-traiteur. On invite directement les clients à entrer : *Venez découvrir nos spécialités de pain* (dont on décline les noms), on insiste sur les horaires d'ouverture, on fournit adresse et numéro de téléphone. On s'adresse à tout public.

Atelier vidéo

1. La Brasserie Bofinger

1. Georges Belondrade est chef de la Brasserie Bofinger depuis **6 ans**. Son équipe est composée d'environ **25 personnes**. La Brasserie Bofinger existe depuis **1864**.

2. Dans une brasserie, on propose des plats classiques (pied de porc, andouillette, tartare), il y a une ambiance « brasserie », c'est-à-dire que les tables sont rapprochées, il y a des banquettes en longueur, on sert de la bière, il y a du brouhaha. La brasserie est plus conviviale qu'un restaurant.

2. La Crêperie des Canettes

1. Un repas dans une crêperie est constitué d'une galette (salée) en plat principal et d'une crêpe (sucrée) en dessert, accompagnées de cidre.

2. des œufs, du fromage.

3. Le bouchon « Chez Georges »

1. C'est le petit-déjeuner lyonnais. Avant, on le donnait aux canuts* vers 9h. Il était constitué d'un plat, d'un fromage et d'un verre de vin.

2. 1F, c'est un endroit où l'on peut manger - 2V - 3V - 4F, on ne pouvait manger que ce que le patron proposait. Il n'y avait pas choix.

3. Il y a un jeu d'homophonie entre le mot « craie », objet qui sert à écrire sur l'ardoise, et le verbe « crée ».

* Les canuts étaient les ouvriers tisserands de la soie, de Lyon, au XIXème siècle.

Nom	Prénom	Classe	Date	Note	/10

1. ⊙ piste 1 **Écoutez le document, puis cochez la bonne réponse (V = vrai, F = faux, ? = on ne sait pas).** .... / (4 points)

	V	F	?
1. Les Français consomment moins de sel et moins d'alcool.	☐	☐	☐
2. Le rayon des plats préparés est peu développé dans les magasins.	☐	☐	☐
3. 10% des Français mangent au moins cinq fruits et légumes par jour.	☐	☐	☐
4. Les Français achètent de plus en plus de viande.	☐	☐	☐

2. **Répondez aux questions suivantes.** (6 points) (2 points par réponse exacte)

1. Pourquoi le monsieur interrogé par le journaliste consomme-t-il des plats préparés ? (au moins 2 éléments de réponse).

....

....

....

2. Les Français, que grignotent-ils ?

....

3. Les Français ont-ils, aujourd'hui, une alimentation plus saine ? Pourquoi ?

....

....

....

....

Nom .... Prénom .... Classe .... Date .... Note .... /100

1. Lisez le texte, puis cochez la bonne réponse (V = vrai, F = faux, ? = on ne sait pas). .... / 10 points

Le chocolat des Aztèques à nos jours

Les Aztèques connaissaient les fèves de cacao et ils en faisaient une boisson pour parfumer les plats. Ils ajoutaient au cacao grillé des piments et de la vanille pour en faire une boisson amère et épicée. Les conquérants venant d'Europe n'ont pas tout de suite apprécié cette boisson.

Peu à peu le cacao entre en Europe et on commence à faire une boisson douce qui satisfait le goût de la noblesse espagnole puis de l'italienne et de l'autrichienne.

Il faut pourtant attendre le XIXᵉ siècle pour que le chocolat devienne une boisson populaire. L'invention de la machine à vapeur, la réduction du prix du cacao et du sucre permettent une production de chocolat en grande quantité et bon marché. On commence à créer des entreprises familiales qui produisent le chocolat et qui inventent de nouvelles formes à donner au cacao.

En 1825, le Hollandais Van Houten met au point la solubilisation et extrait la poudre de cacao. Caffarel, en Italie, invente la pâte « gianduia » à base de chocolat et de noisettes ; le suisse Peter produit en 1875 le premier chocolat au lait ; en 1901 Suchard lance sur le marché mondial la première tablette de « Milka » au lait ; le Belge Neuhaus invente, en 1912, les pralines.

Aujourd'hui, on trouve plusieurs types de pralines. Il existe des pralines fourrées à la crème, à la liqueur, au café, avec des morceaux de fruits ou des fruits secs. Parmi les pralines les plus célèbres, on trouve les « manons » (fourrés avec de la crème aromatisée), les gianduja et les truffes.

Adapté du site www.abanico-chocolat.com

		V	F	?
1.	Le cacao n'était pas connu dans le « Nouveau monde ».	☐	☐	☐
2.	Le fruit de la vanille séché prend une couleur noire.	☐	☐	☐
3.	Les Aztèques produisaient une boisson amère à partir du cacao.	☐	☐	☐
4.	En Europe, la noblesse française est la première à apprécier le chocolat.	☐	☐	☐
5.	C'est grâce à la machine à vapeur et au bon prix du cacao et du sucre que le chocolat peut devenir populaire.	☐	☐	☐
6.	On crée des entreprises pour produire le chocolat à partir du XIXᵉ siècle.	☐	☐	☐
7.	Le procédé de solubilisation est mis au point en Hollande.	☐	☐	☐
8.	Caffarel est l'inventeur de la pâte « gianduja ».	☐	☐	☐
9.	Le chocolat au lait est produit en 1960.	☐	☐	☐
10.	Les pralines sont nées en Belgique.	☐	☐	☐

2. Cochez la bonne réponse. .... / 2 points

1. La phrase « Les Aztèques connaissaient les fèves de cacao et ils en faisaient une boisson pour parfumer les plats » signifie :

　　a. les Aztèques aimaient manger dans des assiettes parfumées.

　　b. les Aztèques utilisaient le cacao pour rendre les plats plus beaux à voir.

　　c. les Aztèques ajoutaient du cacao à certains plats pour donner un certain arôme.

2. La phrase « Les conquérants venant d'Europe n'ont pas tout de suite apprécié cette boisson » signifie :
    a. les conquérants ont aimé cette boisson seulement plus tard.
    b. les conquérants ont immédiatement aimé le cacao.
    c. les conquérants ont tout de suite importé le cacao en Europe.

3. Trouvez la bonne définition ou le bon synonyme.   .... / 18 points

1.	faire	a.	il est nécessaire
2.	entrer en Europe	b.	opération par laquelle un produit coûte moins cher
3.	noblesse	c.	donner naissance
4.	réduction du prix	d.	arriver en Europe
5.	il faut	e.	produire
6.	créer	f.	classe sociale

1 .... 2 .... 3 .... 4 .... 5 .... 6 ....

4. Complétez par un article partitif.   .... / 10 points

1. Nous achetons souvent .... cacao.
2. Le dimanche nous mangeons chez ma grand-mère, elle nous prépare .... viande de bœuf avec ....
   bonnes pommes de terre à la vapeur.
3. Ma mère m'a envoyé chercher .... lait, mais je n'en ai pas trouvé.
4. Ne bois pas .... bière, tu dois conduire !
5. Il boit toujours .... chocolat chaud.
6. S'il te plaît, va faire les courses et prends .... légumes secs, ... eau, ... jambon, mais ne prends
   pas .... tomates, nous en avons déjà pris hier.

5. Complétez par le verbe au présent de l'indicatif (p) ou au passé composé (pc) ou bien par un pronom personnel.   .... / 20 points

1. Marc .... (*inviter* ; pc) ses amis, ... arrivent à 9 heures.
2. Ils .... (*préparer* ; pc) une tarte, puis .... l'ont mangée avec leurs amis.
3. Nous .... (*avoir* ; pc) l'idée d'inventer cette nouvelle boisson.
4. On .... (*manger* ; p) trop de sucre.
5. Les clients .... (*partir* ; pc) sans payer l'addition ! Le serveur ....
   (*appeler* ; pc) la police.
6. .... estime que le chocolat fait du bien à la santé.
7. Ma mère .... (*cuisiner* ; p) très bien.

6. **Écrivez le dialogue entre votre correspondant et vous-même selon les indications suivantes. (60-80 mots)**

.... / 40 points

Votre correspondant suisse vient d'arriver chez vous. Il a apporté des tablettes de chocolat et il vous explique la différence entre l'une et l'autre (chocolat au lait, noir...). Après avoir goûté plusieurs types de chocolat, vous interrogez votre correspondant sur ses habitudes alimentaires pour qu'il mange bien chez vous.

Nom	Prénom	Classe	Date	Note	/10

1. 🕐 piste 2 **Écoutez la première partie du document sonore, puis cochez la bonne réponse ou complétez.** .... / 8 points

Comment fonctionne la brigade d'un grand restaurant ?
Visite dans les cuisines du Ritz avec Michel Roth.

1. Les cuisines dont on parle appartiennent : 1 point
   a. au Ritz.
   b. au Bristol.
   c. au Champs-Élysées-Plaza.

2. Le chef du restaurant s'appelle : 1 point
   a. Joël Robuchon.
   b. Michel Roth.
   c. Alain Ducasse.

3. Walter est : 1 point
   a. chef poissonnier.
   b. sous-chef.
   c. sommelier.

4 Le saucier de Michel Roth s'appelle .... 1,5 point

5. Il travaille dans cet établissement : 1 point
   a. depuis quarante ans.
   b. depuis cinq ans.
   c. depuis vingt-cinq ans.

6. Le saucier est spécialiste de : .... 1,5 point
   (au moins trois réponses 0,5 point par réponse)

7. Basile est : 1 point
   a. stagiaire.
   b. apprenti.
   c. plongeur.

2. 🕐 piste 3 **Écoutez la deuxième partie du document sonore, puis cochez la bonne réponse.**
.... / 2 points

1. Le chef présente : 1 point
   a. Arnaud, sous-chef.
   b. Jean-Claude, sommelier.
   c. Christophe, boulanger.

2. Selon le chef de « L'Espadon », son but est de : 1 point
   a. décrocher la troisième étoile Michelin.
   b. gagner beaucoup d'argent.
   c. transmettre son savoir aux jeunes cuisiniers.

Nom .... Prénom .... Classe .... Date .... Note .... /100

1. Lisez le texte, puis dites si les affirmations sont vraies (V) ou fausses (F). .... / 10 points

Marie-Antoine Carême

Marie-Antoine (dit « Antonin ») Carême est un pâtissier et un chef français, il est le premier à porter cette appellation de « chef ». Praticien précoce et représentant éminent du concept français de la haute cuisine, il est considéré comme le fondateur de ce style grandiose, recherché à la fois par les cours royales et les nouveaux riches. Il est l'un des premiers cuisiniers à avoir acquis une renommée internationale.

Carême naît à Paris en 1784. Ses parents sont très pauvres et l'abandonnent. Après quelques jours d'errance, Marie-Antoine commence à travailler comme garçon de cuisine dans un restaurant bon marché en échange de la chambre et de la pension. Âgé de 13 ans, il est embauché par le célèbre pâtissier Sylvain Bailly. Grâce à Bailly, Carême perfectionne son talent et ouvre sa première boutique, la « Pâtisserie de la rue de la Paix ». Il devient célèbre pour ses pièces montées, des constructions utilisées comme centres de table faites entièrement en sucre, pâte d'amande et pâtisserie. Il leur donne des formes inspirées des temples, des pyramides et des ruines antiques en prenant ses idées dans des livres d'histoire de l'architecture. À force d'étude et de travail, il parvient à élever l'art culinaire au rang d'une science et acquiert une grande renommée dans toutes les cours d'Europe. Carême étend rapidement ses talents culinaires aux plats principaux présentés lors du service à la française.

De plus en plus célèbre, Carême commence à travailler au château de Valençay. Talleyrand propose à Carême un défi : créer une année entière de menus, sans répétition et en utilisant uniquement des produits de saison. Carême passe le test. Après la chute de Napoléon, Carême se rend à Londres, où il cuisine pour le futur George IV. Il travaille aussi pour l'empereur François Ier. Rentré à Paris, il devient le chef du banquier James de Rothschild. Cuisinant au charbon de bois, il inhale durant des années de grandes quantités de fumées toxiques. Il en meurt certainement, à l'âge de 48 ans.

	V	F
1. Carême est le premier à porter le nom de chef.	☐	☐
2. Carême découvre son talent grâce à sa famille.	☐	☐
3. Son premier employeur est un pâtissier célèbre.	☐	☐
4. Carême ouvre un restaurant.	☐	☐
5. Carême fait des décorations en sucre et pâte d'amande.	☐	☐
6. Carême s'inspire de la peinture.	☐	☐
7. Carême devient célèbre en toute Europe.	☐	☐
8. Carême réussit à proposer des menus différents pour une année.	☐	☐
9. Carême travaille en Italie.	☐	☐
10. Carême cuisine à la vapeur.	☐	☐

2. Reliez chaque mot à son synonyme. .... / 10 points

1. appellation
2. fondateur
3. acquérir
4. à bon marché
5. boutique
6. faire
7. parvenir
8. se rendre
9. produit
10. inhaler

a. produire
b. magasin
c. nom
d. respirer
e. aliment
f. aller
g. créateur
h. obtenir
i. économique
j. réussir

1 .... 2 .... 3 .... 4 .... 5 .... 6 .... 7 .... 8 .... 9 .... 10 ....

3. Reliez le mot à sa définition/son utilisation en cuisine. .... / 10 points

1. moule
2. poêle
3. lave-vaisselle
4. passoire
5. fourchette à rôti
6. cuillère en bois
7. louche
8. casserole
9. couteau
10. râpe

a. Instrument tranchant servant à couper, doté de lame et de manche.
b. Récipent percé de trous, utilisé pour égoutter les aliments.
c. Instrument qui sert à réduire une substance en poudre ou en petits morceaux.
d. Ustensile formé d'un manche et d'une partie creuse en bois.
e. On y verse la pâte à gâteau.
f. On sert avec le potage et les mets liquides.
g. Ustensile, généralement rond, avec un long manche qui sert à griller.
h. Outil dont on se sert pour piquer la viande.
i. Ustensile de forme cylindrique avec un manche qui sert à la cuisson.
j. Appareil servant au lavage et au séchage de la vaisselle.

1 .... 2 .... 3 .... 4 .... 5 .... 6 .... 7 .... 8 .... 9 .... 10 ....

4. Qu'est-ce que c'est ? .... / 10 points

1. On l'utilise pour éplucher les légumes.   C'est un ....
2. On l'utilise pour sauter et pour frire.   C'est une ....
3. On l'utilise pour conserver les aliments au froid.   C'est un ....
4. On l'utilise pour trancher la charcuterie.   C'est une ....
5. On l'utilise pour égoutter les aliments frits.   C'est une ....

5. Mettez à la forme négative. .... / 5 points

1. C'est notre restaurant. ....
2. Carême était un chef de rang. ....
3. Est-ce que vous avez préparé la friture ? ....
4. Il cuisine très bien. ....
5. Il collabore toujours avec moi. ....

6. Trouvez l'erreur et corrigez-la. .... / 5 points

1. Il ne mange pas jamais quand il travaille.

2. Je ne cuisine pas rien maintenant, je viens de cuisiner !

3. Personne ne m'aide pas.

4. Je ne veux pas plus travailler avec lui.

5. Je ne sais s'il est arrivé.

7. Mettez au passé composé. .... / 10 points

1. Il travaille comme chef de cuisine. ....

2. Il cuisine pour les Grands d'Europe. ....

3. Nous allons au restaurant. ....

4. Tu es bien préparé. ....

5. Vous coupez la viande. ....

8. Qui fait quoi ? .... / 10 points

diriger l'ensemble de la brigade de cuisine – remplacer le chef de cuisine – assembler les plats et préparer les sauces – préparer les tartes et les gâteaux – collaborer avec le maître de salle – aider le chef quand il est occupé – préparer les crèmes à servir avec le dessert – décider des produits à acheter – organiser les horaires du personnel de cuisine – préparer les sauces pour les viandes et les poissons

Chef de cuisine	Sous-chef	Saucier	Pâtissier

9. Rédigez votre présentation. .... / 30 points

Vous venez d'être embauché(e) au restaurant « Le Grill » comme chef de cuisine. Vous organisez une réunion avec le personnel de cuisine pour vous présenter. Écrivez un texte de 60 à 80 mots.

....
....
....
....
....

| Nom | Prénom | Classe | Date | Note | /10 |

1. ⏱ piste 4 **Écoutez le document, puis cochez la bonne réponse ou complétez.** (3 points)

1. Le restaurant s'appelle :
   a. « Chez Marie ».
   b. « Chez Martin ».
   c. « Chez Martine ».

2. Le restaurant est ouvert :
   a. seulement le soir, tous les jours de la semaine.
   b. les jours ouvrables à midi et le soir.
   c. les week-ends pour le déjeuner et le dîner.

3. On peut réserver :
   a. en laissant un message sur la messagerie vocale du restaurant.
   b. seulement en parlant au maître.
   c. seulement en passant au restaurant.

2. ⏱ piste 5 **Écoutez la première partie du document, puis cochez la bonne réponse ou complétez.** (5 points)

1. La secrétaire de M. Littel s'appelle .... (1,5 point)

2. La secrétaire a réservé une table : (1 point)
   a. au restaurant « Le Poisson ».
   b. au restaurant « La Maison ».
   c. au restaurant « La Moisson ».

3. Le déjeuner est à .... (1,5 point)

4. M. Littel : (1 point)
   a. avait oublié le rendez-vous.
   b. avait téléphoné au restaurant pour confirmer.
   c. avait pris un autre rendez-vous.

3. ⏱ piste 6 **Écoutez la deuxième partie du document, puis cochez la bonne réponse.** (2 points)

1. Le maître :
   a. accompagne le groupe à sa table.
   b. va s'occuper du groupe.
   c. s'excuse parce qu'il ne peut pas s'occuper du groupe.

2. Pierre :
   a. va s'occuper du groupe de M. Littel à table.
   b. va prendre les manteaux de M. Littel et de ses hôtes.
   c. va accompagner le groupe à la table réservée.

| Nom | Prénom | Classe | Date | Note | /100 |

1. Lisez le texte, puis répondez aux questions.　　　　　 .... / 10 points

Élodie Bouckaert, premier prix au concours « Maître d'hôtel junior »

Élodie Bouckaert a 19 ans et son nom est déjà connu parmi les maîtres d'hôtel.

En juin 2010, elle s'est classée en tête au concours national de « Premier maître d'hôtel 2010 ». Ouvert aux élèves de 6ème année technique ou professionnelle ou 7ème année d'une école hôtelière, ce concours est particulièrement sévère. Le candidat ne peut s'inscrire qu'une seule fois, l'école ne peut présenter que deux étudiants.

Mêlant des épreuves théoriques et pratiques sur l'hygiène, les cocktails, les champignons, les fromages ou les vins, les épices, le commerce équitable ou vert, la finale a opposé huit étudiants venant de Namur, Spa, Euzy et Ath. Et c'est Élodie Bouckaert, qui, à Namur, a décroché le premier prix, servant avec talent un menu complexe. Pour se préparer au concours, Élodie a eu l'aide de ses professeurs, qui ont organisé, à partir de janvier, une formation autour des vins et des activités liées aux fromages.

Pour Élodie, la formation a été plus que profitable puisqu'elle a obtenu une distinction qui l'a aidée à faire des stages dans des restaurants prestigieux qui vont lancer sa carrière.

D'après l'article de Serge Hustache, www.sergehustache.be

1. Qui a remporté le concours national « Premier maître d'hôtel 2010 » ?

2. Quelles sont les épreuves du concours ?

3. Est-ce que le concours est facile ? Justifiez votre réponse.

4. Qu'est-ce qu'Élodie a servi pendant le concours ?

5. Quelle formation Élodie a-t-elle suivie pour se préparer au concours ?

2. Transformez les phrases à la forme négative.　　　　　 .... / 10 points

1. Élodie Bouckaert a 50 ans.
2. Les épreuves du concours sont très faciles.
3. Est-ce que tu participes au concours ?
4. Les épreuves sont seulement pratiques.
5. As-tu suivi une formation spécifique pour te préparer au concours ?
6. Est-ce que tu connais Élodie ?
7. Pour participer au concours, il suffit de tout savoir sur les vins.

8. Le concours a lieu à Paris.

9. Les élèves de mon lycée ont participé au concours.

10. Tous les candidats viennent de Lyon.

3. **Trouvez l'erreur et corrigez-la.** / 10 points

1. Elle n'a pas rien gagné.

2. La tarte qu'elle a servie était très bonnes.

3. Ce restaurants est prestigieux.

4. Elle n'a pas jamais participé à un concours.

5. La viande est trop cuites.

6. Personne ne l'aide pas.

7. On ne sert pas ni vins ni fromages.

8. Je ne mange pas rien, je me sens mal.

9. Ce restaurant est trop chers.

10. C'est mon derniers jour de stage.

4. **Transformez les phrases au passé composé.** / 10 points

1. Élodie choisit un concours difficile.

2. Chaque école participe avec deux élèves.

3. Notre professeur organise un cours sur les vins.

4. Il se classe toujours en tête.

5. Élodie se prépare au concours.

5. **Qu'est-ce que c'est ?** / 10 points

1. Il doit être fixé aux quatre coins de la table.   C'est

2. Elle doit être étalée sur la table.   C'est

3. On le place dans une corbeille.   C'est

4. On les place à gauche de l'assiette.   Ce sont

5. Elles se trouvent à côté du couteau.   Ce sont

6. **Reliez le mot à sa définition/son utilisation en cuisine.** / 10 points

1. Assiette creuse   a. Ustensile qui sert à piquer le poisson.
2. Assiette à dessert   b. Outil tranchant qui sert à couper.
3. Salière   c. Elle permet de servir des desserts.
4. Couteau   d. Pièce de vaisselle servant à prendre certaines boissons.
5. Huilier   e. Récipient de petite taille, utilisé pour contenir le sel.
6. Bol   f. Récipent qui sert à déguster le vin.
7. Fourchette à poisson   g. Elle permet de servir des potages ou des bouillons.
8. Verre à vin   h. Accessoire de table utilisé pour servir le pain en tranche.
9. Serviette   i. Ustensile de table pour l'huile et le vinaigre.
10. Corbeille à pain   j. Pièce de linge dont on se sert à table pour s'essuyer.

7. Qui fait quoi ? .... / 10 points

acheter des produits • accueillir les clients • faire la mise en place • débarrasser les tables • diriger les commis • brosser le molleton • collaborer avec le chef de cuisine • expliquer le menu • préparer le service des mets • organiser le travail en salle et en cuisine

Directeur de restaurant	Maître d'hôtel	Chef de rang	Commis de rang

8. Rédigez votre présentation. .... / 30 points

Vous venez d'être embauché(e) au restaurant « La Lorraine » comme premier maître, vous organisez une réunion avec le personnel de salle pour vous présenter. Écrivez un texte de 60 à 80 mots.

Test d'écoute

Nom .... Prénom .... Classe .... Date .... Note .... /10

1. ⏱ piste 7 **Écoutez la première partie du document sonore, puis cochez la bonne réponse ou complétez.** .... / 6 points

1. Les personnages du dialogue sont :   1 point
   a. un homme et une femme.
   b. deux femmes.
   c. deux hommes.

2. Quentin mange du fromage :   1 point
   a. une fois par mois.
   b. souvent, surtout le soir.
   c. rarement.

3. Quentin aime manger du fromage :   1 point
   a. pendant les repas en famille.
   b. au restaurant.
   c. pendant les dîners avec des amis.

4. Pendant les repas en famille, il y a toujours .... de fromage qui arrive.   1,5 point

5. Quentin aime les fromages au .... et les ....   1,5 point

2. ⏱ piste 8 **Écoutez la deuxième partie du document sonore, puis cochez la bonne réponse ou complétez.**

.... / 4 points

1. Quentin préfère les fromages :   1 point
   a. frais.
   b. de chèvre.
   c. très forts, un peu corsés.

2. Les étrangers aiment beaucoup :   1 point
   a. les fromages qui sentent bon.
   b. les fromages qui ne sentent pas très fort.
   c. les fromages qui puent.

3 Anne aime aussi :   1 point
   a. les fromages de vache.
   b. les fromages de brebis et de chèvre.
   c. les fromages de vache et de brebis.

4. Selon Anne, le fromage :   1 point
   a. après un repas, ça fait beaucoup.
   b. elle le mange tout le temps, après un repas copieux aussi.
   c. n'est pas pratique.

Nom .... Prénom .... Classe .... Date .... Note .... /100

1. Lisez le texte, puis cochez la bonne réponse (V = vrai, F = faux, ? = on ne sait pas).

.... / 10 points

Gilbert, cuisinier en hôpital

« Les repas sont choisis avec une diététicienne, ils doivent s'équilibrer entre eux. On alterne féculents, légumes, viandes, poissons... Les mêmes menus reviennent toutes les 5 semaines et sont adaptés en fonction des saisons. » [...] On prépare des repas pour plus de 500 personnes ! On utilise des marmites assez grosses et lourdes qui peuvent peser 15 kg. Quand on fait un bœuf bourguignon, on en prépare 150 kg. On peut aussi éplucher 130 kg de pommes de terre ! »

[...] « En collectivité, le budget est plus serré : on peut avoir seulement 1,50 € par personne pour un repas ! On a accès à des catalogues de recettes disponibles directement sur internet. On est peu dans la création : on a la liste des ingrédients, la marche à suivre et même une photo pour reproduire la même chose dans l'assiette. [...] Cependant, Gilbert a une difficulté supplémentaire par rapport aux autres collectivités : « nous devons proposer des menus différents en fonction des maladies et des régimes alimentaires des patients. Chaque jour, nous préparons 500 menus « normaux » et [...] 30 à 50 menus « spéciaux ». Pour les diabétiques on enlève le sucre, pour les iposodés on retire le sel, on enlève les légumes pour ceux qui ne peuvent pas manger de fibres, certains malades ne peuvent manger que de la nourriture mixée... ». [...] « Lorsqu'un nouveau patient arrive à l'hôpital, il donne des informations sur son régime alimentaire : régime sans porc s'il est musulman, il nous dit s'il est diabétique, s'il a du cholestérol... [...] Tous les matins, un agent, muni d'un boîtier informatique contenant toutes ces données, passe auprès de chaque patient. Il lui donne la possibilité de choisir parmi des menus adaptés à son régime. [...] Ça nous permet de savoir quelle quantité nous devons faire pour chaque plat ».

www.mip-louhans.asso.fr

		V	F	?
1.	La diététicienne choisit les repas avec Gilbert.	☐	☐	☐
2.	Toutes les semaines il y a le même menu.	☐	☐	☐
3.	La cuisine de l'hôpital est très grande.	☐	☐	☐
4.	On peut arriver à éplucher 150 kg de pommes de terre.	☐	☐	☐
5.	En collectivité, le budget pour les repas est très élevé.	☐	☐	☐
6.	Les cuisiniers en hôpital sont très créatifs.	☐	☐	☐
7.	Gilbert doit tenir compte des maladies et des interdits alimentaires dus à la religion du patient.	☐	☐	☐
8.	Les données sur les régimes alimentaires des patients sont informatisées.	☐	☐	☐
9.	Les patients peuvent choisir le menu qu'ils veulent parmi ceux qui sont proposés.	☐	☐	☐
10.	Gilbert peut savoir à l'avance combien de repas il doit préparer.	☐	☐	☐

2. Reliez chaque mot à son synonyme. .... / 10 points

1.	choisir	a.	étroit
2.	en fonction	b.	selon
3.	serré	c.	établir
4.	supplémentaire	d.	cuisiner
5.	régime	e.	éliminer
6.	enlever	f.	consentir
7.	nourriture	g.	opportunité
8.	permettre	h.	en plus
9.	possibilité	i.	aliments
10.	préparer	j.	diète

1 .... 2 .... 3 .... 4 .... 5 .... 6 .... 7 .... 8 .... 9 .... 10 ....

3. Reliez le mot à sa définition/son utilisation en cuisine. .... / 10 points

1.	choix	a.	Liquide qui se boit.
2.	entrée	b.	Petit sandwich salé, servi avec l'aperitif.
3.	boisson	c.	Aliment cuit dans de l'eau.
4.	amuse-bouche	d.	Rempli de farce.
5.	repas	e.	Donner une préférence à quelque chose.
6.	farci	f.	Support servant à servir et à transporter des aliments.
7.	bouilli	g.	Le début d'un repas.
8.	plateau	h.	Boisson sucrée et aromatisée, à base d'alcool.
9.	glace	i.	Ensemble d'aliments divers et de boissons pris en une fois.
10.	liqueur	j.	Crème congelée, parfumée à diverses essences.

4. Complétez par un adjectif ou un pronom démonstratif. .... / 10 points

1. .... menu est plus élaboré que .... du restaurant « Le Dauphin ».
2. .... haricots verts ne sont pas frais ! Prends ....-là, on vient de nous les livrer !
3. .... omelette n'a pas un bon aspect. ....-là est meilleure !
4. .... commis sont un peu lents, tu ne trouves pas ? – Non, il suffit d'avoir confiance en eux. Tu verras, ils ne te décevront pas. .... qui sont arrivés le mois dernier étaient pires !
5. .... abricots sont meilleurs que .... de notre fournisseur habituel.

5. Dites s'il s'agit d'un comparatif de qualité (Ql), de quantité (QT) ou d'action (A). .... / 10 points

1. Il a préparé un gâteau plus beau que le mien. ....
2. Nous terminons le service beaucoup plus tard que vous. ....
3. Ce poulet est moins cuit que celui-là. ....
4. J'ai autant de pêches que de poires mais pas assez pour tout le monde ! ....
5. Notre nouveau chef est moins patient que l'ancien. ....

6. Complétez par les verbes *falloir*, *suffire*, *y avoir*. Attention, parfois deux solutions sont possibles.

.... / 10 points

1.   Pour faire une omelette, ... un ou deux œufs.

2.   Dans cette cuisine, ... trop de monde !

3.   Regardez comme .... faire !

4.   .... avoir de la motivation et le sens du devoir, de l'observation et de la bonne volonté pour faire ses débuts comme commis de cuisine.

5.   Pour avoir un roast-beef parfait, ... le cuire 20 minutes.

7. Formulez un menu français avec un menu enfant, puis écrivez les raisons du choix de vos plats (40 mots).

.... / 40 points

Menu	Menu enfant

....

....

....

....

....

....

Test d'écoute

Nom	Prénom	Classe	Date	Note	/10

1. ⏱ piste 9 | **Écoutez le document sonore et répondez aux questions.** .... / 10 points

1. Pour préparer une bonne pâte à pizza, il faut :   1 point
   a. 600 gr de farine.
   b. 500 gr de farine.
   c. 800 gr de farine.

2. Pour la pâte, il faut ajouter :   1 point
   a. 30 gr de levure sèche.
   b. 40 gr de levure fraîche.
   c. 8 gr de levure sèche ou 25 gr de levure fraîche.

3. Pour cette recette, il faut utiliser les ustensiles suivants :   1 point
   a. un rouleau, une spatule, un saladier.
   b. une cuillère, un couteau.
   c. un fouet, un mortier.

4. On doit pétrir la pâte :   1 point
   a. 40 minutes.
   b. 30 minutes.
   c. de 10 à 15 minutes.

5. On pétrit la pâte à pizza avec :   1 point
   a. du lait.
   b. de l'eau.
   c. du beurre.

6. Quand on ajoute les ingrédients :   1 point
   a. il faut éviter de mettre en contact le sel et la levure.
   b. on les met tous ensemble.
   c. il faut mettre le sel après la levure.

7. Quand on pétrit la pâte :   1 point
   a. on peut utiliser une spatule.
   b. il faut absolument le faire à la main.
   c. on utilise une cuillère.

8. Après avoir fait des boules :   1 point
   a. on les met au frigo.
   b. on les laisse à couvert dans le saladier.
   c. on les met au freezer.

9. La cuisson de la pizza dure :   1 point
   a. une heure.
   b. une demi-heure.
   c. vingt minutes.

10. La température du four doit être :   1 point
   a. 160-170 °C.
   b. 220-230 °C.
   c. 130-140 °C.

Nom .... Prénom .... Classe .... Date .... Note ..../100

1. Observez la photo et lisez la recette ci-dessous, puis cochez la bonne réponse (V = vrai, F = faux, ? = on ne sait pas). .... / 10 points

Boeuf bourguignon
Plat principal
Moyennement difficile : 🐑🐑🐑🐑🐑
Moyen : €€€€
Temps de préparation : 60 minutes
Temps de cuisson : 300 minutes

Ingrédients (4 personnes)
600 à 800 g de pièce à fondue pour bourguignon –
4 ou 5 oignons – 4 ou 5 carottes – 1 bouquet garni –
1 bouteille de vin rouge assez bon – 100 g de beurre – sel – poivre

Préparation de la recette
Détailler la viande en cubes de 3 cm de côté, enlever les gros morceaux de gras.
Couper l'oignon en morceaux. Le faire revenir dans une poêle au beurre. Une fois transparent, versez le dans une cocotte en fonte de préférence.
Procéder de même avec la viande mais en plusieurs fois, jusqu'à ce que tous les morceaux soient cuits. Les ajouter au fur et à mesure dans la cocotte. Ne pas avoir peur de rajouter du beurre entre chaque fournée.
Quand toute la viande est dans la cocotte, déglacer la poêle avec de l'eau ou du vin et faire bouillir en raclant pour récupérer le suc.
Saler, poivrer, ajouter au reste.
Recouvrir le tout avec une partie du vin et faire mijoter quelques heures avec le bouquet garni et les carottes en rondelles.
Le lendemain, faire mijoter au moins 2 heures en plusieurs fois, ajouter du vin ou de l'eau si nécessaire.

D'après http://www.marmiton.org/recettes/recette_boeuf-bourguignon

	V	F	?
1. Pour faire le boeuf bourguignon, il faut du beurre.	☐	☐	☐
2. On doit détailler la viande en cubes.	☐	☐	☐
3. Il faut ajouter l'oignon entier.	☐	☐	☐
4. Comme ustensile, on utilise une cocotte en fonte.	☐	☐	☐
5. Il ne faut pas cuire les morceaux de viande.	☐	☐	☐
6. On n'ajoute plus de beurre pendant la cuisson.	☐	☐	☐
7. On mange le boeuf bourguignon avec des légumes et du riz.	☐	☐	☐
8. Les végétariens peuvent manger ce plat.	☐	☐	☐
9. Il faut laisser mijoter le tout pendant quelques heures.	☐	☐	☐
10. Le bouquet garni est composé de romarin, sauge et laurier.	☐	☐	☐

2. Transformez au futur et au conditionnel présent (2ème personne pluriel) les verbes de la recette.

.... / 20 points

1. Détailler ....
2. Enlever ....
3. Couper ....
4. Faire revenir ....
5. Verser ....

6. Procéder ....
7. Cuire ....
8. Ajouter ....
9. Avoir ....
10. Bouillir ....

3. Associez le mot à son contraire.

.... / 10 points

1. léger
2. solide
3. doux
4. jeune
5. chaud
6. saignant
7. cru
8. délicat
9. salé
10. râpé

a. sucré
b. acide
c. vieux
d. savoureux
e. gras
f. froid
g. entier
h. cuit
i. bien cuit
j. liquide

1 .... 2 .... 3 .... 4 .... 5 .... 6 .... 8 .... 9 .... 10 ....

4. Expliquez un menu de Noël.

.... / 40 points

Formulez un menu à prix fixe avec deux entrées, un plat principal avec garniture et comme gâteau, la Bûche de Noël. Expliquez ensuite brièvement la composition des entrées, du plat principal et de la garniture proposée (3 phrases par plat).

Menu de Noël	Présentation des plats

5. Écrivez un mél à votre correspondant/e français/e pour lui demander la recette de la bûche de Noël. Vous lui demandez aussi un conseil sur un vin qui se marie bien avec la bûche de Noël (40-50 mots).

.... / 20 points

Nom .... Prénom .... Classe .... Date .... Note .... /10

1. 🔊 piste 10 **Écoutez le document sonore et répondez aux questions.** (10 points)

(1 point par réponse exacte)

1. Pour la préparation des ingrédients du pot-au-feu, il faut :
   a. 1 heure
   b. 30 minutes
   c. 15 minutes

2. La cuisson du pot-au-feu dure :
   a. 4 heures
   b. 2 heures
   c. 30 minutes

3. Comme viande il faut :
   a. du poulet
   b. de l'agneau
   c. du bœuf

4. Vous avez aussi besoin de :
   a. poireaux et carottes
   b. pommes de terre et courgettes
   c. petits pois et chou-fleur

5. Pour la cuisson il vous faut :
   a. une poêle
   b. un faitout
   c. un micro-onde

6. Il faut ajouter :
   a. du gros sel et du poivre en grains
   b. du sel fin et du parmesan
   c. du gros sel et de la poudre de curry

7. Vous laissez cuire :
   a. à feu modéré
   b. au four
   c. à feu très doux

8. Vous dégraissez le tout avec :
   a. une petite louche
   b. une fourchette
   c. un couteau

9. Le pot-au-feu se consomme :
   a. chaud ou tiède
   b. froid
   c. glacé

10. Vous pouvez servir le pot-au-feu :
   a. avec du poisson
   b. avec du fromage
   c. avec de la moutarde

Nom .... Prénom .... Classe .... Date .... Note .... /100

1. **Lisez le texte, puis cochez la bonne réponse (V = vrai, F = faux, ? = on ne sait pas).** .... / 10 points

Le Bistrot du Peintre

Créé en 1902 au cœur du quartier historique de la Bastille, le Bistrot du Peintre affiche tout le charme des bistrots parisiens typiques dans un cadre Art Nouveau hérité des années 1900. Véritable institution des bistrots parisiens, le Bistrot du Peintre est souvent cité dans les guides et référencé sur les sites web spécialisés.

La carte

Au Bistrot du Peintre, c'est la cuisine traditionnelle française qui est à l'honneur. Avec pour trait commun des produits du terroir sélectionnés dans le respect absolu de la qualité. Ici, toutes les viandes proviennent directement des fermes françaises, et le patron n'a pas son pareil pour dénicher des vins inoubliables auprès de vignerons indépendants. Tradition, oui... mais sans la routine : pour rester au goût du jour, la carte du Bistrot est renouvelée tous les quatre à six mois, au rythme des saisons.

L'Auvergne natale du patron influence naturellement la carte du Bistrot et les plats au cantal ne sont jamais bien loin de l'ardoise... Le Sud-Ouest n'est toutefois pas en reste avec ses spécialités mondialement connues : foie gras maison, confit de canard fondant à la peau croustillante et ses pommes de terre sarladaises, faux-filet de Salers... Mais pour satisfaire tous les goûts, la carte du Bistrot du Peintre se fait ambassadrice de toutes les cuisines françaises, de la plus classique à la plus originale : os à moelle au sel de Guérande, véritable andouillette AAAAA, brochette de saumon et Saint-Jacques, jusqu'à l'inoubliable cheeseburger maison avec ses frites au couteau... Les plus gourmands se délecteront d'une tarte à l'orange de légende ou des gargantuesques profiteroles au chocolat, spécialités de la maison...

www.bistrotdupeintre.com/fr/page/le-bistrot

	V	F	?
1. Le Bistrot du Peintre se trouve aux marges du quartier de la Bastille à Paris.	☐	☐	☐
2. Il est conçu en style Art Nouveau.	☐	☐	☐
3. Les magazines spécialisés américains et japonais le recommandent.	☐	☐	☐
4. Il propose une cuisine internationale.	☐	☐	☐
5. Parmi les produits du terroir, on trouve les truffes.	☐	☐	☐
6. Les fournisseurs du Bistrot du Peintre sont Auvergnats.	☐	☐	☐
7. Le patron propose assez souvent des plats au cantal.	☐	☐	☐
8. Son foie gras maison est exporté dans le monde entier.	☐	☐	☐
9. On sert différents genres de viandes et de poissons.	☐	☐	☐
10. La tarte à l'orange est le moins réussi des desserts du Bistrot du Peintre.	☐	☐	☐

2. Donnez la définition des termes suivants. .... / 10 points

1. bistrot ....
2. terroir ....
3. sélectionner ....
4. saison ....
5. gourmand ....

3. Mettez au féminin. .... / 10 points

1. Ce garçon est très gentil.   Cette ....
2. Ce gâteau est très bon.   Cette tarte ....
3. Le propriétaire est tchèque.   La ....
4. Cet acteur est très célèbre.   Cette ....
5. Ce groupe est chaleureux.   Cette équipe ....

4. Complétez les phrases par le pronom relatif qui convient. .... / 5 points

1. La brasserie .... Marie nous a parlé est caractéristique.
2. La dame pour .... j'ai acheté ces gâteaux est mon médecin.
3. Le restaurant .... on s'est donné rendez-vous se trouve en centre ville.
4. Il y a de .... discuter ! Tu as vu la facture .... nous venons de recevoir ?

5. Transformez à la forme passive. .... / 10 points

1. Ce bistrot offre une cuisine typique. ....
2. Le chef prépare une tarte. ....
3. Notre fournisseur a envoyé plusieurs denrées. ....
4. Un commis de cuisine a préparé la soupe. ....
5. Plusieurs touristes fréquentent ce bistrot. ....

**6. Faites des comparaisons en utilisant les mots ci-dessous et en ajoutant,
si nécessaire, un adjectif ou un pronom démonstratif.** .... / 10 points

1. Ce serveur |+| gentil. ....
2. Vin |-| moelleux/celui-là. ....
3. Plats |=| chers/ceux-là. ....

4.   Cette carte |-| variée.. ....
5.   Ce café |+| bon/celui-là. ....
6.   Dans cette salle, il y a |-| de tables. ....
7.   Elle mange |-| de poisson/viande. ....
8.   Ce menu |-| intéressant. ....
9.   Table |+| grande/celle-là. ....
10. Cette eau |=| pétillante. ....

7.   Associez chaque mot à son contraire.   .... / 10 points

1.   acide   a. jeune
2.   tranquille   b. râpé
3.   corsé   c. délicat
4.   bien cuit   d. chaud
5.   cuit   e. salé
6.   sucré   f. léger
7.   froid   g. mousseux
8.   savoureux   h. doux
9.   entier   i. saignant
10. vieux   j. cru

1 .... 2 .... 3 .... 4 .... 5 .... 6 .... 7 .... 8 .... 9 .... 10 ....

8.   Écrivez un fax.   .... / 20 points

Vous êtes le chef cuisinier d'un restaurant de Grenoble et vous avez déjà pris des accords téléphoniques avec votre fournisseur. Vous lui faxez un bon pour une commande pour des rôtis de dindes, de veau, du gigot d'agneau et des steaks pour un groupe de 30 personnes que vous accueillerez dans deux jours.

Viande et Terroir   Bon de Commande
1, avenue des Sapins   No : _____
38100 Grenoble
tél 04 76 63 79 24   fax 04 76 63 69 32

Nom : Le Gibier
Adresse : 72, rue Alfred Jarry
Ville : 38000 Grenoble
Tél : 04 76 67 56 14   Fax : 04 76 67 55 27   Responsable : Robert Détot

Produit	Qt.	Description	Coût	Total

Signature _____

Nom .... Prénom .... Classe .... Date .... Note .... /10

🔊 piste 11 **Écoutez le document sonore et répondez aux questions.** (10 points)

(1 point par réponse exacte)

1. De quel type de document s'agit-il ?
   a. une publicité.
   b. une conversation.
   c. un article.

2. Comment s'appelle le restaurant ?
   a. Restaurant « Bords de Saône ».
   b. Brasserie Pizzeria « La Piscine ».
   c. Brasserie Pizzeria « La Terrasse ».

3. Où se trouve le restaurant ?
   a. à Mâcon.
   b. à Lyon.
   c. à Châlons.

4. Le restaurant est ouvert :
   a. tous les jours, sauf le lundi.
   b. tous les jours, sauf le mardi.
   c. 7 jours sur 7.

5. Le restaurant propose :
   a. de la cuisine japonaise.
   b. de la cuisine régionale.
   c. de la cuisine indienne.

6. Le menu du jour est proposé :
   a. midi et soir.
   b. à midi.
   c. le soir.

7. Le restaurant est ouvert :
   a. jusqu'à 21h.
   b. jusqu'à 23h.
   c. jusqu'à minuit.

8. Le restaurant :
   a. n'a pas de terrasse.
   b. a deux salles climatisées.
   c. n'accepte pas les chiens en laisse.

9. Avec la carte de fidélité, on pourra bénéficier :
   a. d'une réduction de 10%.
   b. d'un plat offert tous les 6 plats achetés.
   c. d'un dessert offert tous les 5 plats achetés.

10. Le restaurant propose :
   a. la vente à emporter pour les pizzas, seulement le soir.
   b. la vente à emporter pour le menu du jour.
   c. la vente à emporter pour pizzas, salades, pâtes.

| Nom .... Prénom .... Classe .... Date .... Note .... /100 |

1. Lisez le texte, puis cochez la bonne réponse (V = vrai, F = faux). .... / 5 points

Pour des gourmets de notre temps

Le Restaurant « Café de Paris » vous accueille à Cherbourg-Octeville, dans le département de la Manche. Dans nos trois salles climatisées, nous vous servons des produits de qualité, cuisinés dans le respect des traditions pour des gourmets de notre temps. Nous vous accueillons également pour vos séminaires d'entreprises avec devis personnalisés pour vos repas d'affaires ou de familles. La vue sur le vieux port de Cherbourg-Octeville et son pont tournant vous permettent, dans un cadre agréable, de déguster nos spécialités de produits frais : fruits de mer, poissons et des produits de nos terroirs.

Spécialités mer et terre
- Salade de Saint-Jacques grillées à la vinaigrette de betteraves et de gingembre
- Spécialités fruits de mer
- Raviolis de bar aux graines de nigelles
- Salade de crevettes sautées aux épices
- Macarons maison

		V	F
1.	La cuisine propose des plats typiques.	☐	☐
2.	Le Restaurant « Café de Paris » dispose de 3 salles qui n'ont pas de climatisation.	☐	☐
3.	On peut réserver pour un dîner de travail.	☐	☐
4.	Le restaurant propose plusieurs plats à base de poisson congelé.	☐	☐
5.	Le restaurant offre aussi des pâtes.	☐	☐

2. Rangez les plats dans la bonne colonne. .... / 10 points

Pâtes aux champignons – Salade de Saint-Jacques grillées – Raviolis de bar – Salade de crevettes – Assiette de crudités

Spécialités de terre	Spécialités de mer

3. Trouvez le contraire de chaque mot. .... / 10 points

1. Eau à température ambiante = ...
2. Eau gazeuse = ...
3. Viande bien cuite = ...
4. Loin de la porte d'entrée = ...
5. Service rapide = ...

4. À l'aide de l'exercice précédent, écrivez 5 phrases de réclamation ou de critique négative.

.... / 10 points

1. ....
2. ....
3. ....
4. ....
5. ....

5. Complétez les mini-dialogues suivants par des verbes au conditionnel. .... / 10 points

1. – Monsieur, la carte s'il vous plaît !

– Oui, Monsieur, excusez-moi, il y a beaucoup de monde aujourd'hui ! Voilà votre carte. Qu'est-ce que vous .... (*aimer*) comme boisson? Nous avons du bon vin de Bourgogne.

2. – Nous .... (*vouloir*) deux petits pains au chocolat et deux cafés au lait, s'il vous plaît !

– Bien sûr Messieurs, tout de suite !

3. – Je .... (*prendre*) volontiers une tarte au citron...

– Je vais voir s'il nous en reste ; autrement, vous .... (*vouloir*) goûter notre tarte aux fraises ?

4. – Michel, tu n'........................... (*acheter*) pas par hasard des œufs, de la farine, de la levure et du beurre ? J'ai envie de faire une tarte !

– Mais maman, maintenant? Tu sais que je .... (*devoir*) faire mes exercices d'anglais !

– Si tu les avais faits hier, tu .... (*être*) libre maintenant. Mais tu .... (*avoir*) probablement trouvé une autre excuse pour ne pas m'aider !

5. – Si ce restaurant était moins cher, j'y .... (*manger*) tous les soirs.

– Tu as raison mais on .... (*pouvoir*) y venir pour le déjeuner, c'est moins cher.

6. Écrivez un dialogue entre un client qui appelle pour réserver une table et un employé qui prend la réservation (au moins 10 répliques). .... / 30 points

....
....
....
....
....

7. Écrivez un courriel à vos collègues. (60 à 80 mots) .... / 25 points

Vous leur proposez un dîner dans un restaurant que vous connaissez très bien. Suivez ces indications :

a. bonne cuisine
b. ambiance agréable, service rapide et professionnel
c. bon rapport qualité/prix
d. possibilité de manger en terrasse

....
....
....
....
....

1. 🕐 **piste 12** **Écoutez l'enregistrement, puis répondez aux questions ou cochez la bonne réponse.**

.... / 10 points

1. Le « Bistrot de Pays » à présent :   0,5 point
   a. est un endroit qui offre seulement un service de restauration et des boissons.
   b. offre beaucoup de services.
   c. est un endroit où les gens vont exclusivement pour jouer aux cartes.

2. Entourez le terme approprié.   1,5 point
   a. Le bistrot est le premier/dernier commerce dans une commune.
   b. Il a changé/est resté le même.
   c. Il propose des services traditionnels/nouveaux.

3. L'expression « casser la croûte » signifie :   1 point
   a. rompre quelque chose.
   b. boire quelque chose.
   c. manger quelque chose.

4. Maintenant on va au bistrot :   1 point
   a. pour passer une soirée entre amis en faisant plusieurs activités.
   b. pour faire six ou dix tournées.
   c. pour rester avec ses amis et boire quelques verres de vin.

5. Le journaliste pose aussi une question à Mme Pélacy, gérante d'un bistrot qui se trouve :   1 point
   a. au Mans.
   b. à Limans.
   c. à Limoges.

6. Mme Pélacy cite des numéros de :   1 point
   a. départements français.
   b. communes françaises.
   c. départements d'Outre-Mer.

7. La série correcte et dans le bon ordre est :   1 point
   a. 93, 04, 05, 06.
   b. 06, 04, 05, 83.
   c. 04, 05, 06, 83.

8. Clients et bistrots espèrent que le Guide des Bistrots de Pays sera publié. ☑ V ☑ F 0,5 point

9. M. Reynal affirme que le guide en papier est apprécié des touristes : 1 point
    a. car ils ont besoin d'y trouver des adresses de sites internet.
    b. car trouver des informations sur papier fait partie de leur culture et de leur patrimoine génétique.
    c. car ils espèrent trouver plus de renseignements que sur internet.

10. Le Guide des Bistrots de Pays de la Provence et de la Côte d'Azur a déjà été publié. ☑ V ☑ F 0,5 point

11. M. Reynal souhaite publier le Guide national des Bistrots de Pays : 1 point
    a. dans quelques années.
    b. très bientôt.
    c. dans quelques jours.

Nom .... Prénom .... Classe .... Date .... Note .... /100

1. Lisez le texte puis répondez aux questions. .... / 10 points

Rencontre au sommet : le club des meilleurs sommeliers du monde

Quand les dix meilleurs sommeliers du monde se rencontrent à Paris, que voulez-vous qu'ils se racontent ?
Des histoires de sommeliers, bien sûr. Ils viennent même de fonder un des clubs les plus chics et élitistes
de la planète : le club des meilleurs sommeliers du monde. Pourquoi un tel club ? Shinya Tasaki, président
du club, s'explique : « D'abord défendre et promouvoir le métier de sommelier, puis soutenir des actions
caritatives, enfin écrire un livre ». Sont membres uniquement les champions. Treize actuellement. Le premier trophée a eu lieu en 1969 et a été gagné à Bruxelles par un Français, Armand Melkonian.
Pour devenir le 14éme membre de ce club très relevé, il suffira de gagner le prochain concours qui aura
lieu en avril 2013 à Tokyo. La partie théorique de 90 minutes est composée de 75 questions : elle est suivie
d'exercices pratiques de dégustation à l'aveugle, d'harmonisation de mets et des vins et quelques autres
épreuves du même style, le tout dans deux langues. La finale oppose, devant le public, les trois meilleurs
candidats.

D'après l'article du Figaro, 2011

1. Où se rencontrent les meilleurs sommeliers du monde ? ....
2. Qu'est-ce qu'ils viennent de fonder ? ....
3. Quel est le but du club selon son président ? ....
4. Qui peut devenir membre du club ? ....
5. Quelles épreuves seront proposées aux candidats qui désirent devenir membres du club ?

2. Transformez les phrases à la forme négative. .... / 10 points

1. Les sommeliers se rencontrent à Lyon. ....
2. Sont-ils les meilleurs sommeliers du monde ? ....
3. Le premier trophée a eu lieu en 1978. ....
4. Le concours se compose-t-il de deux parties ? ....
5. La finale oppose 30 candidats. ....
6. On fait aussi une épreuve de cuisine. ....
7. Le club existe depuis longtemps. ....
8. Le siège du club est à Tokyo. ....
9. M. Leblanc est le fondateur du club. ....
10. Shinya Tasaki a gagné le premier trophée. ....

3. Trouvez l'erreur et corrigez-la. .... / 10 points

1. Les membres du club ne sont pas que treize. ....
2. On n'a pas jamais organisé de concours. ....
3. Le clubs est très prestigieux. ....

4. La partie théoriques est très difficile. _____

5. La premier jour, on fait des dégustations de vins. _____

6. Bruxelles ne se trouve en France. _____

7. Personne n'a pas rencontré M. Shinya Tasaki. _____

8. Il est pas le sommelier le plus célèbre. _____

9. La dernier épreuve est facile. _____

10. Le public n'a pas rien bu. _____

4. Mettez au féminin.   _____ / 10 points

1. Ce serveur est très gentil.   Cette _____

2. Ce gâteau est délicieux.   Cette tarte _____

3. Le propriétaire est belge.   La _____

4. Ce chanteur est génial.   Cette _____

5. Ce garçon est heureux.   Cette fille _____

5. Complétez les phrases par le pronom relatif qui convient.   _____ / 2,5 points

1. L'œnothèque _____ il nous a parlé se trouve dans le centre-ville.

2. Le monsieur pour _____ j'ai acheté ces vins est mon médecin.

3. Le restaurant _____ on s'est donné rendez-vous se trouve rue Rivoli.

4. Il y a de _____ discuter ! Tu as vu le devis _____ nous venons de recevoir ?

6. Transformez à la forme passive.   _____ / 10 points

1. Ce restaurant offre une cuisine typique.

2. Les touristes apprécient cette brasserie.

3. Monsieur Leduc prépare l'addition.

4. Le fournisseur a envoyé plusieurs devis.

5. Le serveur a préparé les boissons.

7. Décrivez les caractéristiques d'une œnothèque de votre choix.   _____ / 20 points

Imaginez que vous êtes le sommelier pris en photo qui décrit son œnothèque et les produits qu'il offre (60 mots).

8. Écrivez un fax. .... / 25 points

Vous êtes le gérant d'une oenothèque à Lyon. Vous avez un bon approvisionnement en vins français, mais vous voulez aussi offrir un choix d'eaux-de-vie françaises à vos clients qui en demandent souvent. Vous décidez alors de téléphoner à un fournisseur d'eau-de-vie de Bordeaux pour lui demander de l'armagnac, du calvados et du cognac. Formulez le fax de commande que vous envoyez à la suite de votre coup de fil en mentionnant schématiquement les quantités, les prix, les délais de livraison et de paiement.

De :	À : ....
N° de télécopie :	N° de télécopie : ....
N° de pages (page de garde comprise) :	
Objet :	

Corrigés
Tests d'écoute et contrôles

Habitudes alimentaires

Test d'écoute

1. Transcription piste 1

Les nouvelles habitudes alimentaires des Français

Journaliste : Et d'abord, les changements très nets des Français, des habitudes alimentaires des Français. Publication aujourd'hui d'un baromètre dans lequel on découvre que nous consommons moins de sel, moins d'alcool, moins de produits gras, on grignote moins aussi, bref, on mange mieux, avec de plus en plus de plats tout préparés.

À Bordeaux, Charles Mois et Julia Gardet.

(voix off) Voilà un rayon qui n'existait pas il y a encore quelques années, celui des plats préparés individuels. Ici on trouve de tout : du canard au riz, des pâtes au saumon ; un choix énorme. Résultat : un Français sur deux en achète au moins une fois par semaine.

Journaliste : Est-ce que ça vous arrive souvent de prendre des plats individuels ?

Monsieur : Oui, ça m'arrive assez souvent, c'est pratique, c'est vite fait... quand on est tout seul et qu'on n'a pas trop de temps ou envie de faire de la cuisine.

Dame 1 : C'est pratique, même si c'est peut-être un peu plus cher mais des fois, de temps en temps...

Journaliste : En revanche, selon le baromètre santé et nutrition, les Français grignotent de moins en moins entre les repas, même les jeunes : ils ne sont plus que 6% à reconnaître craquer sur du chocolat ou de petits gâteaux à toute heure de la journée ; ils étaient deux fois plus nombreux il y a huit ans.

Jeune femme : Oui *(elle rit)*, ça m'arrive, je suis gourmande !

Journaliste : Par exemple ?

Jeune femme : Des gâteaux...

Journaliste : Gâteaux, chocolat ?

Jeune femme : Oui, un peu, gâteaux, chocolat...

(voix off) Moins de grignotage, c'est bien, et un peu plus de consommation de fruits et légumes, c'est encore mieux : 12 % des Français en mangent au moins cinq par jour.

Dame 2 : Ma nourriture, c'est fruits et légumes !

Jeune homme : C'est vrai que c'est relativement cher, mais si on veut manger un peu mieux, on est un peu obligé.

(voix off) Les Français semblent globalement faire davantage attention à leur alimentation, même si les consommations de boissons sucrées sont toujours en augmentation, et ça, ce n'est pas très bon pour la santé.

video.tf1.fr/jt-13h

Solutions : 1V - 2F - 3F - 4?

2.
1. Il consomme des plats préparés parce que c'est pratique, c'est rapide et que quand on est seul, on n'a pas vraiment envie de cuisiner.
2. Du chocolat ou de petits gâteaux.
3. Oui, les Français ont une alimentation plus saine aujourd'hui car ils font plus attention à leur alimentation. Ils consomment plus de fruits et légumes et grignotent moins. En revanche, ils consomment de plus en plus de boissons sucrées.

Contrôle

1. 1F - 2? - 3V - 4F - 5V - 6V - 7V - 8V - 9F - 10V
2. 1c - 2a
3. 1e - 2d - 3f - 4b - 5a - 6c
4.
1. Nous achetons souvent **du** cacao.
2. Le dimanche nous mangeons chez ma grand-mère, elle nous prépare **de la** viande de bœuf avec **de** bonnes pommes de terre à la vapeur.
3. Ma mère m'a envoyé chercher **du** lait, mais je n'en ai pas trouvé.

4. Ne bois pas **de** bière, tu dois conduire !

5. Il boit toujours **du** chocolat chaud.

6. S'il te plaît, va faire les courses et prends **des** légumes secs, **de l'**eau, **du** jambon, mais ne prends pas **de** tomates, nous en avons déjà pris hier.

5.

1. Marc **a invité** ses amis, **ils** arrivent à 9 heures.

2. Ils **ont préparé** une tarte, puis **ils** l'ont mangée avec leurs amis.

3. Nous **avons eu** l'idée d'inventer cette nouvelle boisson.

4. On **mange** trop de sucre.

5. Les clients **sont partis** sans payer l'addition ! Le serveur **a appelé** la police.

6. **On** estime que le chocolat fait du bien à la santé.

7. Ma mère **cuisine** très bien.

6. Libre

Unité 1

En cuisine !

Test d'écoute

1. Transcription 🕐 piste **2**

Première partie

Michel Roth, chef du Ritz : [...] Bienvenue dans les cuisines du Ritz. Je suis Michel Roth, c'est moi le chef et je vous ferai voir ce que c'est une grande brigade de cuisine... Suivez-moi. C'est Walter, qui est le chef poissonnier, donc voilà on travaille actuellement les oursins, là c'est la première langoustine que je viens de commander... Robert, le chef saucier, c'est un des piliers de la maison parce que ça fait plus de 25 ans qu'il est là...

Robert, chef saucier : À peu près, à peu près...

Michel Roth : C'est lui le spécialiste des coulis, des jus, des sauces, et aussi des cuissons, bien sûr, des volailles, des gibiers, des viandes... voilà, tout son domaine.

Robert, chef saucier : Je vous présente Basile, qui a gagné, cette année le concours de meilleur apprenti de France en présentation froide de cuisine, et il a été le majeur de la promotion !

Michel Roth : On forme énormément de jeunes ici, dans les cuisines au Ritz, on a une réputation pour ça, c'est très, c'est très formateur... . La tarte aux cèpes, fais que ce soit bien dressé droit, Basile ! Et bien chaud, hein ?! Ça, c'est la tarte aux cèpes, c'est une de nos créations, c'est devenu indispensable, dès qu'il y a des cèpes, nos clients habituels nous la demandent...

Solutions : 1a - 2b - 3a - 4. Robert - 5c - 6. Il est spécialiste de coulis, de jus, de sauces, de cuisson, de volaille, de gibier, de viande - 7b

2. Transcription 🕐 piste **3**

Deuxième partie

Arnaud : Deux cartes, deux langoustines et à suivre deux soles !

Michel Roth : Voilà Arnaud, sous-chef des cuisines de « L'Espadon », celui qui prend un service, qui annonce les commandes, et qui fait aussi le suivi au niveau des parties, que tout part bien en même temps, que tout soit chaud, bien assaisonné, donc il a un rôle important...

Arnaud : Pour progresser, il faut faire de belles maisons, comme celle-ci ; et oui, le but aussi c'est d'avoir une place équivalente à celle de Michel Roth.

Michel Roth : C'est le but aussi d'un chef, c'est de transmettre son savoir et de travailler avec des jeunes, des jeunes cuisiniers qui plus tard vont prendre le relais...

Arnaud : Un jour je serai chef à la place du chef !

Michel Roth : C'est tout ce que je souhaite...

Solutions : 1a - 2c

Contrôle

1. 1V - 2F - 3F - 4F - 5V - 6F - 7V - 8V - 9F - 10F

2. 1c - 2g - 3h - 4i - 5b - 6a - 7j - 8f - 9e - 10d

3. 1e - 2g - 3j - 4b - 5h - 6d - 7f - 8i - 9a - 10c

4.

1. éplucheur - 2. sauteuse (poêle) - 3. réfrigérateur - 4. trancheuse - 5. écumoire

5.
1. Ce n'est pas notre restaurant.
2. Carême n'était pas chef de rang.
3. Est-ce que vous n'avez pas préparé de friture ?
4. Il ne cuisine pas très bien.
5. Il ne collabore jamais avec moi.

6.
1. Il ne mange jamais quand il travaille.
2. Je ne cuisine rien maintenant, je viens de cuisiner !
3. Personne ne m'aide.
4. Je ne veux plus travailler avec lui.
5. Je ne sais pas s'il est arrivé.

7.
1. Il a travaillé comme chef de cuisine.
2. Il a cuisiné pour les Grands d'Europe.
3. Nous sommes allés au restaurant.
4. Tu as été bien préparé.
5. Vous avez coupé la viande.

8.

Chef de cuisine
diriger l'ensemble de la brigade de cuisine
collaborer avec le maître de salle
décider les produits à acheter
organiser les horaires du personnel de cuisine

Sous-chef
remplacer le chef de cuisine
aider le chef quand il est occupé

Saucier
assembler les plats et préparer les sauces
préparer les sauces pour les viandes et les poissons

Pâtissier
préparer les tartes et les gâteaux
préparer les crèmes à servir avec le dessert

9. Libre

Unité 2

En salle !

Test d'écoute

1. Transcription ⓘ piste 4

Restaurant *Chez Martin* bonjour. Le restaurant est ouvert de 18h30 à minuit tous les jours ouvrables. Le samedi et le dimanche, notre personnel sera heureux de vous accueillir pour le déjeuner aussi. Vous pouvez réserver votre table en laissant un message après le bip sonore.

Solutions: 1b - 2c - 3a

2. Transcription ⓘ piste 5
— Monsieur Littel ?
— Oui, Catherine ?
— Je vous ai réservé une table pour cinq demain à 12 heures 30 au restaurant « La Moisson ».
— Demain ? Mais avec qui ?
— Mais avec le PDG de l'entreprise Textilplus.
— Ah, oui, j'avais oublié ! Alors, d'accord, fixez deux taxis s'il vous plaît, on partira d'ici à midi.
— C'est noté, Monsieur.

Solutions: 1. Catherine - 2. c - 3. 12h30 - 4. a

3. Transcription ⓘ piste 6
Maître : Bonjour Monsieur Littel, bonjour Madame, bonjour Messieurs. Monsieur Littel, je vous ai réservé la table centrale, dans la grande salle.
M. Littel : Parfait, Monsieur Bernard.
Maître : Et comme d'habitude, je vais suivre personnellement votre groupe.
M. Littel : Merci, Monsieur Bernard, j'aime les bonnes habitudes !
Maître : Je vais vous appeler Pierre pour vous accompagner à votre table...

Solutions: 1b - 2c

Contrôle

1.
1. C'est Élodie Bouckaert.
2. Le concours mêle des épreuves théoriques et pratiques sur les cocktails, les champignons, les fromages, les vins, les épices, le commerce équitable ou vert.
3. Non, le concours est très difficile parce qu'il comprend plusieurs épreuves et parce qu'on peut s'inscrire seulement une fois.
4. Elle a servi un menu complexe.
5. Elle a suivi une formation sur les vins et les fromages.

2.
1. Elodie Bouckaert **n'** a **pas** 50 ans.
2. Les épreuves du concours **ne** sont **pas** très faciles.
3. Est-ce que tu **ne** participes **pas** au concours?
4. Les épreuves **ne** sont **pas** seulement pratiques.
5. **N'**as-tu **pas** suivi une formation spécifique pour te préparer au concours?
6. Est-ce que tu **ne** connais **pas** Élodie?
7. Pour participer au concours, il **ne** suffit **pas** de tout savoir sur les vins.
8. Le concours **n'**a **pas** lieu à Paris.
9. Les élèves de mon lycée **n'**ont **pas** participé au concours.
10. Tous les candidats **ne** viennent **pas** de Lyon.

3.
1. Elle n'a rien gagné.
2. La tarte qu'elle a servie était très bonne.
3. Ce restaurant est prestigieux.
4. Elle n'a jamais participé à un concours.
5. La viande est trop cuite.
6. Personne ne l'aide.
7. On ne sert ni vins ni fromages.
8. Je ne mange rien, je me sens mal.
9. Ce restaurant est trop cher.
10. C'est ma dernière semaine de stage.

4.
1. Élodie a choisi un concours difficile.
2. Chaque école a participé avec deux élèves.
3. Notre professeur a organisé un cours sur les vins.
4. Il s'est toujours classé en tête.
5. Élodie s'est préparée au concours.

5.
1. C'est le molleton.
2. C'est la nappe.
3. C'est le pain.
4. Ce sont les fourchettes.
5. Ce sont les cuillères/cuillers.

6.
1g - 2c - 3e - 4b - 5i - 6d – 7a - 8f - 9j - 10h

7.
Directeur de restaurant
acheter des produits

organiser le travail en salle et en cuisine

Maître d'hôtel
accueillir les clients
collaborer avec le chef de cuisine

Chef de rang
diriger les commis
expliquer le menu

Commis de rang
faire la mise en place
débarrasser les tables
brosser le molleton
préparer le service des mets

8.
Exemple de présentation
Bonjour, je m'appelle Alain Renard, j'ai 20 ans et je viens de Paris. J'ai travaillé comme premier maître à l'étranger, en Allemagne et aux États-Unis. J'avais envie de revenir en France et je suis très content d'avoir l'occasion de travailler ici avec vous. Je parle bien l'allemand et l'anglais. Je ne connais ni l'italien ni l'espagnol et si nous avons des clients italiens ou espagnols, il faudra s'adresser au second maître.

Unité 3
Menu et Cartes

Test d'écoute

1. Transcription 🔊 piste 7

Première partie

Anne : Bon, ça va Quentin ? La journée n'est pas trop chargée aujourd'hui ?

Quentin : Bah... j'ai pas beaucoup de temps, là, pour manger, donc je pense que je vais juste me faire un petit bout de fromage sur un... sur un bout de pain... pour déjeuner. Puis, je vais repartir travailler.

Anne : D'accord, oui. C'est pratique, hein, ça, le fromage et le pain, en fait ! Vous aimez le fromage ?

Quentin : Bah oui, j'aime beaucoup le fromage, donc c'est vrai que j'en mange plutôt souvent, le soir généralement ou surtout pour les grands repas. Mais...

Anne : C'est-à-dire quand... enfin je sais pas, c'est

quand vos parents cuisinent ou... ?

Quentin : Voilà, quand on fait des... des vrais repas en famille... C'est vraiment un plat à part entière quoi.

Anne : Oui, il y a toujours le plateau de fromage qui arrive.

Quentin : Voilà.

Anne : Et qu'est-ce que vous aimez comme fromage alors ?

Quentin : Bah, moi j'aime beaucoup, bah, toutes sortes de fromages, mais j'aime beaucoup les... les forts, ceux qui ont bien... bien mûri, donc les fromages au lait cru, comme les camemberts.

www.youtube.com/watch

Solutions : 1a - 2b - 3a - 4. un plateau - 5. lait cru/camembert

2. Transcription 🎧 piste **8**

Deuxième partie

Anne : Oui ? Ah, d'accord. Des fromages un peu corsés qui ont du goût... et qui sentent ? Pour ne pas dire qui puent, parce qu'il y en a quelques-uns quand même qui sentent très fort !

Quentin : Oui, bah, ça... ça repousse souvent un peu les étrangers mais c'est vrai que... il faut tester le fromage et...

Anne : Oui, parce que des fois, ils sont... Ils sentent fort mais ils sont pas forts du tout au goût.

Quentin : Voilà, au goût, ils sont très, très bons.

Anne : Oui, oui. Moi aussi, je mange beaucoup de fromage, j'aime beaucoup ça. Et... Moi j'aime bien les fromages... Ouais, j'aime beaucoup les fromages de brebis et les fromages de chèvre. Les fromages comme le roquefort, les fromages comme ça qui ont vraiment du goût et, c'est vrai, que c'est pratique. Mais... Moi, souvent, en fait, j'aime bien manger... Enfin, quand on a fait un vrai bon repas, je trouve que manger encore en plus du fromage, pour moi, ça fait beaucoup. Donc je préfère finalement un peu en dehors... [...]

www.youtube.com/watch

Solutions : 1c - 2b - 3b - 4a

Contrôle

1. 1V - 2F - 3? - 4F - 5F - 6F - 7V - 8V - 9V - 10V

2. 1c - 2b - 3a - 4h - 5j - 6e - 7i - 8f - 9g - 10d

3. 1e - 2g - 3a - 4b - 5i - 6d - 7c - 8f - 9j - 10h

4. 1. ce ; celui - 2. ces ; ceux - 3. cette ; celle - 4. ces ; ceux - 5. ces ; celles

5. 1. QL - 2. A - 3. QL - 4. QT - 5.QL

6. 1. il faut - 2. il y a - 3. il faut - 4. il faut (il suffit d'avoir) - 5. il faut

7. Libre

Unité 4
Recettes et design

Test d'écoute

1. Transcription 🎧 piste **9**

Bonjour et bienvenue au Club Paneo, le rendez-vous des amateurs de pain maison ! Aujourd'hui je vais vous expliquer comment faire une bonne pizza. Vous allez voir, c'est simple et ça se passe en 5 étapes.

Pour faire une bonne pizza, il vous faut : 400 ml d'eau, 35 ml d'huile d'olive, 15 g de sel, 800 g de farine, 8 g de levure sèche/25 g de levure fraîche.

Vous avez vu, j'ai mélangé tous ces ingrédients en commençant toujours par les liquides : cela permet qu'il n'y ait pas de résidus de farine au moment du pétrissage dans le fond du saladier.

Un conseil : comme dans tous les autres pains, il vaut mieux éviter de mettre en contact le sel et la levure. Moi je mets la farine entre les deux.

Je peux pétrir à la spatule pendant dix à quinze minutes environ, jusqu'à l'obtention d'une pâte lisse et homogène. Pour ma part, je préfère pétrir au robot : c'est moins long, et surtout, moins fatigant. Le robot a aussi comme avantage de mieux mélanger les ingrédients.

Je forme une boule avec ma pâte, que je laisse reposer pendant une heure, à couvert, dans mon saladier.

Je divise maintenant ma pâte en deux, et je forme des boules, que je laisse reposer pendant dix minutes à couvert, et après mes pâtes seront prêtes à être utilisées.

Enfin, tout à l'heure, il me restera juste à garnir avec de la sauce tomate.

J'aplatis mon pâton au rouleau, je le laisse reposer pendant encore quinze minutes environ. Ma pâte sera bien épaisse et développera surtout beaucoup plus d'arômes.

Enfin, tout à l'heure, il me restera juste à garnir avec de la sauce tomate, et les ingrédients que j'ai choisis. J'enfourne ma pizza pendant quinze à vingt minutes, dans un four bien chaud, 220 à 230 degrés.

Solutions : 1c - 2c - 3a - 4c - 5b - 6a - 7a - 8b - 9c - 10b

Contrôle

1. 1 V - 2 V - 3 F - 4 V - 5 F - 6 F - 7 ? 8. F - 9 V - 10 ?

2.
1. Vous détaillerez/détailleriez
2. Vous enleverez/enleveriez
3. Vous couperez/couperiez
4. Vousferez revenir/feriez revenir
5. Vous verserez/verseriez
6. Vous procéderez/procéderiez
7. Vous cuirez/cuiriez
8. Vous ajouterez/ajouteriez
9. Vous aurez/auriez
10. Vous bouillirez/bouilliriez

3. 1e - 2j - 3b - 4c - 5f - 6i - 7h - 8d - 9a - 10g

4. Libre

5. Libre

Unité 5

Je peux vous suggérer...

Test d'écoute

1. Transcription piste 10

Le Pot-au feu

Bonjour et bienvenue au Club des Marmites, le rendez-vous des amateurs de la cuisine française !

Aujourd'hui je vais vous expliquer comment faire un bon Pot-au-feu.

Vous allez voir, c'est assez simple, mais il faut un peu de temps.

La préparation n'est pas longue, environ 30 minutes, mais la cuisson est de 4 heures.

Pour faire un pot-au-feu, il vous faut :

500 g de viande de bœuf grasse, 500 g de viande de bœuf maigre, 500 g de viande de bœuf gélatineu-se, 1 os à moelle, 4 poireaux, 4 carottes, 1 branche de céleri, 2 oignons, 1 gousse d'ail, 1 bouquet garni (persil, thym, laurier), 2 clous de girofle, du gros sel et du poivre noir en grain.

Il faut d'abord ficeler les morceaux de viande pour qu'ils se maintiennent en forme pendant la cuisson. Epluchez les carottes, les poireaux et la branche de céleri, comme je fais moi, puis lavez-les. Vous voyez, c'est facile.

Puis vous prenez la gousse d'ail et les oignons. Pi-quez un oignon avec les clous de girofle. Faites do-rez le second oignon, au four : il colorera le bouil-lon.

Puis vous mettez dans un faitout les morceaux de viande et l'os à moelle, préalablement enveloppé dans une mousseline pour éviter que la moelle ne se répande. Ensuite vous mouillez avec 5 litres d'e-au froide. Vous voyez, ce n'est pas compliqué.

Salez au gros sel. Puis porter à ébullition et laisser bouillir, en ayant soin d'écumer souvent, jusqu'à ce qu'il ne se forme plus d'écume.

Ensuite vous ajoutez les oignons, les carottes et les poireaux, liés en botte, le céleri branche, l'ail et le bouquet garni, préalablement ficelé. Vous ajoute-rez aussi 12 grains de poivre noir.

Vous portez le tout à ébullition, et vous laissez cu-ire, à couvert, sur feu très doux, pendant au moins 4 heures. N'oubliez pas de dégraisser en cours de cuisson avec une petite louche.

Le pot-au feu se consomme chaud ou tiède. Il peut aussi être à la base de divers potages.

Vous servirez le tout dans un plat chaud, avec des cornichons, du gros sel et de la moutarde forte. C'est excellent.

Solutions : 1b - 2a - 3c - 4a - 5b – 6a - 7c - 8a - 9a - 10c

Contrôle

1. 1F - 2V - 3? - 4F - 5? - 6F - 7V - 8? - 9V - 10F

2.
1. Lieu typique où l'on prend des repas ; café ; anciennement local à vin.
2. Étendue de terre qui fournit des produis typiques.
3. Choisir.
4. Une des quatre parties de l'année.
5. Qui aime beaucoup manger.

3.
1. Cette fille est très gentille.
2. Cette tarte est très bonne.
3. La propriétaire est tchèque.
4. Cette actrice est très célèbre.
5. Cette équipe est chaleureuse.

4.
1. La brasserie dont Marie nous a parlé est caractéristique.
2. La dame pour qui j'ai acheté ces gâteaux est mon médecin.
3. Le restaurant où on s'est donné rendez-vous se trouve en centre ville.
4. Il y a de quoi discuter ! Tu as vu la facture que nous venons de recevoir ?

5.
1. Une cuisine typique est offerte par ce bistrot.
2. La tarte a été préparée par le chef.
3. Plusieurs denrées nous ont été envoyées par notre fournisseur.
4. La soupe a été préparée par le commis de cuisine.
5. Ce bistrot est fréquenté par plusieurs touristes.

6.
1. Ce serveur est plus gentil que celui-là.
2. Ce vin est moins moelleux que celui-là.
3. Ces plats sont aussi chers que ceux-là.
4. Cette carte est moins variée que celle-là.
5. Ce café est meilleur que celui-là.
6. Dans cette salle, il y a moins de tables que dans celle-là.
7. Elle mange moins de poisson que de viande.
8. Ce menu est moins intéressant que celui-là.

9. Cette table est plus grande que celle-là.
10. Cette eau est aussi pétillante que celle-là.

7. 1h - 2g - 3f - 4i - 5j - 6e - 7d - 8c - 9b - 10a

8. Libre

Unité 6

Vous avez choisi ?

Test d'écoute

1. Transcription ⏱ piste 11

La Brasserie Pizzeria de « La Piscine », proche des bords de Saône, à Mâcon Nord sur la RN6, vous accueille 7 jours sur 7, dans une ambiance très conviviale. Venez profiter de notre cuisine régionale, de nos salades, pizzas, ainsi que de nos viandes et poissons grillés au feu de bois. Un menu du jour, entrée, plat et dessert, vous est proposé, midi et soir, jusqu'à minuit, dans deux salles climatisées. L'été, vous pourrez apprécier la terrasse ombragée. Vous pouvez également choisir la vente à emporter de pizzas, salades, pâtes ou plat du jour, et bénéficier avec la carte de fidélité de cinq plats achetés, un plat offert. Les chiens en laisse sont acceptés. Pour une restauration de qualité et un moment agréable, une bonne adresse : la brasserie Pizzeria « La Piscine ».

Solutions : 1a - 2b - 3a - 4c - 5b - 6a - 7c - 8b - 9c - 10c

Contrôle

1. 1V - 2V - 3F - 4F - 5V

2.
Spécialités de terre : Pâtes aux champignons, Assiette de crudités
Spécialités de mer : Salade de Saint-Jacques grillées, Raviolis de bar, Salade de crevettes

3.
1. Eau froide 2. Eau plate 3. Viande saignante 4. Près

de la porte d'entrée 5. Service lent

4. *Suggestions*
1. On nous a apporté de l'eau à température ambiante !
2. Excusez-moi j'avais demandé une bouteille d'eau plate.
3. Cette viande est trop saignante.
4. J'avais réservé une table près de la porte d'entrée ou d'une fenêtre.
5. Ici on mange très bien, mais le service est lent.

5.
1. Vous aimeriez
2. Nous voudrions
3. Je prendrais, vous voudriez
4. Tu n'achèterais, je devrais, tu serais, tu aurais trouvé
5. J'y mangerais, on pourrait

6. Libre

7. Libre

Unité 7
Où est-ce qu'on va ce soir?

Test d'écoute

1. Transcription ⏺ piste 12

Le guide des Bistrots de Pays

Un journaliste interviewe le Président de la fédération des Bistrots de Pays et la gérante du Bistrot de Limans à l'occasion de la présentation du Guide des Bistrots de Pays.

Journaliste : Le bistrot a évolué.

Bernard Reynal : Le bistrot a évolué... Euh... Il a évolué, obligé d'évoluer. Eh, pourquoi ? Parce que c'est le dernier... Nous considérons, nous, que c'est le dernier commerce dans une commune, mais qu'il propose autre chose, autre chose que la boisson, bon on sait bien qu'il faut faire très attention, etc., donc il a un multi-service, il a l'épicerie, il a l'animation, les jeux de cartes, les soirées, les veillées, donc c'est tout un autre concept qui fait que, on vient au bistrot, on n'y passe plus une demi-heure à faire six tournées, ou dix tournées, non, on vient pour autre chose. Bien sûr on boit un coup, bien sûr faut boire un coup, mais on fait autre chose, on a d'autres activités, et puis, on peut casser la croûte, on peut manger un petit peu, et puis on passe une soirée entre amis, entre amis.

Journaliste : Vous êtes la gérante donc du petit bistrot de pays, du *Café du Nord*, à Limans. Alors, aujourd'hui, c'est important pour vous, c'est intéressant pour vous de rencontrer d'autres personnes qui font la même activité que vous, de cette région et d'autres régions ?

Anne Lise Pélacy : Oui, c'est très très important que l'on puisse mettre toutes nos forces ensemble afin de pouvoir réfléchir tous ensemble parce qu'on se rend compte qu'on a de mêmes problématiques dans des régions différentes, par exemple le 06, le 04, le 05, le 83 et donc ça permet de pouvoir mieux réunir nos forces, de se rendre compte aussi qu'on n'est pas seuls et que, ben, on est souvent isolés dans notre travail parce qu'on est dans un village, on est un petit peu loin de tout et là, ben, de tous se retrouver, de se rendre compte que l'on est tous dans la même problématique, ça fait de la force et ça fait avancer. [...]

Journaliste : Alors, aujourd'hui, présentation officielle euh du, du guide, donc... c'était un outil qui était attendu autant finalement par, on va dire, les consommateurs, les clients des bistrots que par les bistrots eux-mêmes...

Bernard Reynal : Oui, alors, c'est un guide auquel je crois beaucoup parce que le touriste a besoin de ce papier, il a besoin de sentir, de toucher, c'est dans sa culture, c'est dans ses gènes, donc je crois que c'est porteur... et qu'il faut, encore, malgré notre service Internet, malgré nos lettres et caetera sur internet, nous avons besoin de donner euh... ce guide pour que le... le... le touriste, le... le... le visiteur garde quelque chose et je souhaite que, au-delà du document, du guide de Provence-Alpes-Côte d'Azur nous y accolions très rapidement celui du Midi-Pyrénées, celui de la Corrèze, celui des euh... de manière à faire très rapidement et, peut-être, l'an prochain, le guide national.

Solutions : 1b - 2. a dernier; b changé; c nouveaux - 3c - 4a - 5b - 6a - 7c - 8V - 9b - 10V - 11b

Contrôle

1.
1. Ils se rencontrent à Paris.
2. Ils viennent de former un club très chic et élitiste.
3. Le club se propose de défendre et promouvoir le métier de sommelier.
4. Seulement les champions peuvent devenir membre du club.
5. Les candidats devront se préparer pour une partie théorique composée de 75 questions, ils auront aussi des épreuves pratiques comme la dégustation à l'aveugle et le choix des vins.

2.
1. Les sommeliers ne se rencontrent pas à Lyon.
2. Ne sont-ils pas les meilleurs sommeliers du monde ?
3. Le premier trophée n'a pas eu lieu en 1978.
4. Le concours ne se compose-t-il pas de deux parties ?
5. La finale n'oppose pas 30 candidats.
6. On ne fait pas d'épreuve de cuisine.
7. Le club n'existe pas depuis longtemps.
8. Le siège du club n'est pas à Tokyo.
9. M. Leblanc n'est pas le fondeur du club.
10. Shinya Tasaki n'a pas gagné le premier trophée.

3.
1. Les membres du club ne sont que treize.
2. On n'a jamais organisé de concours.
3. Le club est très prestigieux.
4. La partie théorique est très difficile.
5. Le premier jour, on fait des dégustations de vins.

6. Bruxelles ne se trouve pas en France.
7. Personne n'a rencontré M. Shinya Tasaki.
8. Il n'est pas le sommelier le plus célèbre.
9. La dernière épreuve est facile.
10. Le public n'a rien bu.

4.
1. Cette **serveuse** est très **gentille**.
2. Cette tarte est **délicieuse**.
3. La **propriétaire** est **belge**.
4. Cette **chanteuse** est **géniale**.
5. Cette fille est **heureuse**.

5.
1. L'œnothèque **dont** il nous a parlé se trouve dans le centre-ville.
2. Le monsieur pour **qui** j'ai acheté ces vins est mon médecin.
3. Le restaurant **où** on s'est donné rendez-vous se trouve rue Rivoli.
4. Il y a de **quoi** discuter ! Tu as vu le devis **que** nous venons de recevoir ?

6.
1. Une cuisine typique est offerte par ce restaurant.
2. Cette brasserie est appréciée de plusieurs touristes.
3. L'addition est préparée par Monsieur Leduc.
4. Plusieurs devis ont été envoyés par notre fournisseur.
5. Les boissons ont été préparées par le serveur.

7. Libre
Suggestion
Bonjour, je vous souhaite la bienvenue dans mon *Œnothèque du Palais*. Vous pouvez y trouver un vaste choix de bons vins de la région ainsi que des produits du terroir (de la charcuterie, des fromages, du bon pain de campagne). Vous pouvez aussi vous asseoir à nos tables et attendre d'être servis par nos serveurs/sommeliers dans le cadre magnifique de notre palais, avec vue imprenable sur la plaine.

8. Libre

Examens et certifications

Compréhension de l'oral ⊘ piste 13 25 POINTS

Vous allez entendre quatre enregistrements correspondant à quatre documents différents. Pour chaque document vous aurez 30 secondes pour lire les questions, une première écoute, puis 30 secondes de pause pour commencer à répondre aux questions, une deuxième écoute puis 30 secondes de pause pour compléter vos réponses. Répondez aux questions en cochant la bonne réponse ou en écrivant l'information demandée.

/////// ⊘ piste 14 **exercice 1** **6 POINTS**

Nous sommes mardi matin. Il y a un message sur le répondeur du restaurant où vous travaillez. Il s'agit du livreur.

Complétez les informations concernant la livraison.

> Jour initialement prévu :
>
> Heure initialement prévue :
>
> Contenu de la livraison :
>
> Heure de livraison proposée :
>
> Appeler au   -48-   -75-   pour confirmer.

/////// ⊘ piste 15 **exercice 2** **6 POINTS**

Vous travaillez dans une cantine. Le chef cuisinier vous a, lui aussi, laissé un message sur votre portable. Lisez la question puis cochez les bonnes réponses.

Que devez-vous faire ?

☐ Contacter les fournisseurs.
☐ Commencer à rédiger le menu.
☐ Arriver avant 11 h 30.
☐ Aller au rendez-vous.
☐ Prévoir un menu végétarien.

piste 16 **exercice 3** **5 POINTS**

Vous devez remplir un bon de commande sur internet. C'est la première fois que vous utilisez ce logiciel alors vous demandez à votre collègue de vous expliquer comment il fonctionne. Écoutez puis numérotez l'ordre (de 1 à 5) dans lequel vous devez procéder.

...... Inscrire la quantité souhaitée du produit.

...... Cliquer sur « valider ».

...... Contrôler la commande.

...... Indiquer la date de livraison souhaitée.

...... Inscrire le numéro de référence du produit.

 piste 17 **exercice 4** **8 POINTS**

Vous êtes dans la cuisine et entendez des conversations entre collègues.
Écoutez et reliez le dialogue au sujet de conversation correspondant.

Dialogue 1	**a.** La satisfaction d'un collègue
Dialogue 2	**b.** Des projets de congés
Dialogue 3	**c.** La plainte d'un client
Dialogue 4	**d.** Un changement de poste

Dialogue 1	**Dialogue 2**	**Dialogue 3**	**Dialogue 4** ....

COMPRÉHENSION DES ÉCRITS

25 POINTS

 exercice 1 **5 POINTS**

Associez l'instruction au panneau correspondant.

1. Il faut mettre des vêtements spéciaux.
2. Il faut sortir par cette porte en cas d'incendie.
3. Il faut bien nettoyer les fruits et légumes.
4. Il est défendu de fumer.
5. Il faut se désinfecter les mains.

A

PORT DE LA TENUE DE CUISINE OBLIGATOIRE

Instruction n° ....

B

LAVAGE DES MAINS OBLIGATOIRE

Instruction n° ....

C

SORTIE DE SECOURS

Instruction n° ....

D

INTERDICTION DE FUMER

Instruction n° ....

E

DÉSINFECTEZ les fruits et légumes

Instruction n° ....

Votre responsable vous demande de lire la critique du restaurant où vous travaillez, publiée par un client sur internet.

Au coq au vin

Accueil agréable. Cuisine classique de qualité proposée à un tarif inadapté : un plat du jour porc/lentilles à 20 €, sans autre accompagnement que la corbeille de pain (réclamée, non disposée dès le début), franchement c'est exagéré ! Service à revoir.

Les 2 salles sont petites, bruyantes et pas vraiment adaptées pour un dîner romantique.

Cochez les éléments à améliorer selon ce client.

- [ ] l'accueil
- [ ] le service
- [ ] le prix des plats
- [ ] la qualité des plats
- [ ] la sonorisation des salles

D'après la recette ci-dessous, que devez-vous faire pour préparer une salade de fruits ? Cochez les bonnes réponses.

Recette de la salade de fruits

Pour 4 personnes

Ingrédients
bananes • 1 pomme • noix de coco râpée • cerises • noix • sucre

Préparation
Prenez quatre verres. Épluchez les bananes, coupez-les en rondelles. Disposez-les dans chaque verre en trois ou quatre rangées.
Prenez ensuite une pomme, épluchez-la, mettez-la dans une casserole pendant 30 min, puis mixez-la. Ajoutez du sucre. Versez dans les verres.
Décorez de cerises, de noix de coco et de noix.

- [ ] Utiliser une salade.
- [ ] Utiliser des fruits.
- [ ] Laisser les bananes entières.
- [ ] Cuire une pomme.
- [ ] Ajouter du sel.
- [ ] Servir la salade de fruits dans un saladier.

////// **exercice 4**   **8 points**

Lisez le texte, puis répondez aux questions sur la gastronomie française.

La gastronomie française

La gastronomie française : un patrimoine !

La gastronomie française fait désormais partie du Patrimoine mondial tout comme le Mont Saint-Michel ou la Tour de Pise. C'est ce qu'a décidé l'UNESCO. Ses experts ont en effet estimé que le repas gastronomique à la française, avec ses rituels et sa présentation, remplit les conditions pour rejoindre la « liste du Patrimoine culturel immatériel de l'Humanité ». Selon eux, la gastronomie française relève d'une « pratique sociale coutumière destinée à célébrer les moments les plus importants de la vie des individus et des groupes ».

La gastronomie, une pratique culturelle ?

« Dis-moi ce que tu manges, je te dirai qui tu es », dit un dicton. En effet, manger n'est pas seulement un besoin vital. C'est bien plus que ça. La façon de cuisiner, d'assembler les aliments, de partager un repas en dit long sur la culture de chacun. C'est aussi une pratique qui obéit à des règles. Il ne nous viendrait pas à l'idée de commencer le repas par le dessert !

Qu'est-ce qu'un repas gastronomique français ?

Les lasagnes partagées avec les amis à la cantine ou la soupe du soir en famille, sont-ils des repas gastronomiques ? Pas vraiment. Si le repas gastronomique ne dépend pas uniquement de ce qui se trouve dans l'assiette, le contenu a quand même son importance. La gastronomie allie la façon de déguster les plats et l'art de cuisiner de beaux produits.

Selon l'Unesco, ce qui caractérise le repas gastronomique français, c'est qu'il « met l'accent sur le fait d'être bien ensemble, le plaisir du goût, l'harmonie entre l'être humain et les productions de la nature ». Aujourd'hui, 178 pratiques culturelles ou savoir-faire traditionnels figurent au Patrimoine mondial de l'Humanité.

D'après de l'article « Gastronomie : un patrimoine bien français ! » publié sur le site 1jour1actu.com

---

1. Vrai ou faux ? Cochez la case correspondante et recopiez la phrase ou la partie du texte qui justifie votre réponse.

   a. La gastronomie française fera partie du Patrimoine de l'UNESCO. .... ☐V ☐F   **1,5 point**

   Justification : ....

   b. Manger n'est pas uniquement une nécessité vitale. .... ☐V ☐F   **1,5 point**

   Justification : ....

2. En quoi la gastronomie est-elle une pratique culturelle ?   **2 points**

   ....

   ....

3. Le contenu du repas est :   **0,5 point**

   ☐ important.

   ☐ le plus important.

   ☐ sans importance.

4. Citez deux éléments caractéristiques du repas gastronomique français, selon l'UNESCO.

a. .... **1 POINT**

b. .... **1 POINT**

5. Aujourd'hui, le Patrimoine mondial de l'Humanité compte : **0,5 POINT**

☐ plus de 200 pratiques culturelles.

☐ moins de 200 pratiques culturelles.

☐ exactement 200 pratiques culturelles.

PRODUCTION ÉCRITE   25 POINTS

////////// **exercice 1**   13 POINTS

Vous venez de recevoir le courriel d'un ami français.

De : julien94@gahoo.fr

À :

Objet : **Nouveau travail ?**

Bonjour !
J'ai entendu dire que tu as trouvé du travail. Félicitations !
Où travailles-tu exactement ? Que fais-tu ? Comment sont tes collègues ? Et ton chef ?
Bref, je veux tout savoir !!!

J'attends de tes nouvelles,
À bientôt,
Julien

Vous répondez par courriel à votre ami (environ 50 mots).

De :

À : julien94@gahoo.fr

Objet : Re : Nouveau travail ?

///////// **exercice 2**   **12 POINTS**

Le maître d'hôtel vous demande un rapport sur votre première journée de travail. Vous expliquez un problème que vous avez rencontré et vous dites quelle a été votre réaction (environ 50 mots).

Nombre de mots : ....

PRODUCTION eT INTeRACTION ORALeS   **25 POINTS**

10 minutes de préparation pour les parties 2 et 3.

///////// **exercice 1**

Entretien dirigé   1 à 2 minutes

Présentez-vous, parlez de votre activité professionnelle, votre lieu de travail, vos conditions de travail, votre formation et vos expériences professionnelles.

///////// **exercice 2 (avec préparation)**

Monologue suivi   2 minutes environ

Choisissez un des deux sujets.

a. Décrivez une journée de travail habituelle.

b. Dites ce que vous aimez (ou pas) dans votre métier.

///////// **exercice 3 (avec préparation)**

Exercice en interaction   3 à 4 minutes environ

Choisissez un des deux sujets et jouez la situation proposée. N'oubliez pas de saluer et d'utiliser les règles de politesse.

a. Vous voulez changer vos horaires de travail. Vous en parlez avec votre responsable et vous lui expliquez pourquoi.

b. Vous rencontrez un collègue francophone expérimenté. Vous lui posez des questions sur le métier et lui demandez des conseils pour réussir dans la profession.

COMPRÉHENSION DE L'ORAL ⏱ piste 18

25 POINT

Vous allez entendre trois enregistrements correspondant à trois documents différents. Pour chaque document vous aurez du temps pour lire les questions, une première écoute, puis une pause pour commencer à répondre aux questions, une deuxième écoute puis une pause pour compléter vos réponses.

///////// ⏱ piste **19-20** **EXERCICE 1**

Les contrats

6 POINTS

Pour répondre aux questions, cochez la bonne réponse.
Lisez les questions, écoutez le document, puis répondez.

Message 1

1. Dans quel domaine Patrick Soral travaillait-il en Belgique ? **1 POINT**

   ☐ Dans la distribution. ☐ Dans l'hôtellerie.

   ☐ Dans la vente. ☐ Dans la restauration rapide.

2. Quel poste Patrick Soral va-t-il désormais occuper ? **1 POINT**

   ☐ Chef de rang. ☐ Chef de partie.

   ☐ Sous-chef. ☐ Commis de cuisine.

Message 2

3. La stagiaire travaillera au moins jusqu'à : **1 POINT**

   ☐ fin mai.

   ☐ fin juin.

   ☐ fin juillet.

4. La stagiaire sera chargée dans un premier temps : **1 POINT**

   ☐ de la plonge.

   ☐ de la préparation des garnitures.

   ☐ de la préparation des entrées.

Message 3

5. Romain est chargé : **1 POINT**

   ☐ d'aider le nouveau cuisinier.

   ☐ de diriger le nouveau cuisinier.

   ☐ de contrôler le nouveau cuisinier.

6. Auparavant, Giulio a travaillé principalement : **1 POINT**

   ☐ dans des restaurants.

   ☐ dans la restauration collective.

   ☐ dans la restauration rapide.

⏱ piste **21-22** **exercice 2**

Vos tâches quotidiennes   **8 POINTS**

Pour répondre aux questions, cochez la bonne réponse ou écrivez l'information demandée.

Lisez les questions, écoutez le document, puis répondez.

1. De quelle situation s'agit-il ?   **2 POINTS**

☐ De la présentation d'un employé à ses collègues.

☐ D'un entretien d'embauche.

☐ De l'accueil d'un client par un employé.

☐ De l'entretien d'un employé et son chef.

2. Quand l'employé va-t-il réellement commencer à travailler ?   **1 POINT**

☐ Le mois prochain.

☐ La semaine prochaine.

☐ Cette semaine.

☐ Il a commencé la semaine dernière.

3. Quel est le poste de l'employé ?   **2 POINTS**

....

4. Quels sont les jours de fermeture du restaurant ?   **1 POINT**

....

5. L'employé sera chargé : (2 éléments de réponse)   **2 POINTS**

☐ de la préparation de différents plats.

☐ de s'occuper des stagiaires.

☐ de la plonge.

☐ de l'élaboration de nouvelles recettes.

☐ de la distribution de la production.

⏱ piste **23-24** **exercice 3**

Un devis   **11 POINTS**

Pour répondre aux questions, cochez la bonne réponse ou écrivez l'information demandée.

Lisez les questions, écoutez le document, puis répondez.

1. Que doit faire Nicolas ?   **2 POINTS**

☐ Préparer un gâteau.

☐ Préparer un devis.

☐ Préparer une commande.

2 Que doit organiser Nicolas et pour combien de personnes ? **2 POINTS**

....

3. Pour la réception, Nicolas doit prévoir : (3 éléments de réponse) **1,5 POINT**

☐ l'apéritif.

☐ le déjeuner.

☐ le dîner.

☐ le gâteau.

☐ le château.

4. Qui Nicolas doit-il contacter ? (2 éléments de réponse) **3 POINTS**

a. ....

b. ....

5. Nicolas : **1 POINT**

☐ veut s'adresser à un pâtissier.

☐ doit s'adresser à un pâtissier.

☐ peut s'adresser à un pâtissier.

6. Quand Nicolas doit-il rendre le document à sa responsable ? **1,5 POINT**

☐ Le même jour avant 14 h.

☐ Le lendemain avant 14 h.

☐ Le même jour avant 15 h.

COMPRÉHENSION DES ÉCRITS **25 POINTS**

////////// **exercice 1** **10 POINTS**

Vous êtes commis de cuisine. Pour enrichir vos compétences, vous souhaitez suivre une formation (débutants) de pâtissier.

Vous travaillez actuellement à Lyon, tous les jours de 11 h à 15 h et de 18 h à 23 h, exceptés le lundi et le mardi. Comme vous n'avez pas de voiture et que vous utilisez les transports en commun, les cours doivent avoir lieu à Lyon. Vous ne voulez pas dépenser plus de 500 euros. Vous désirez que la durée du cours ne dépasse pas 5 mois.

Voici les différentes offres de cours que vous avez trouvées sur internet.

	Offre n°1	Offre n°2	Offre n°3	Offre n°4
Niveau de la formation	Formation Débutants	Formation spécialisée pour les chocolatiers	Formation de base	Formation niveau III
Lieu	L'Arbresle (à 30 km de Lyon)	Grenoble	Lyon	Lyon, centre-ville
Durée	D'octobre à janvier	De septembre à décembre	De janvier à mai	De janvier à juillet
Fréquence	Le lundi de 18 h à 19 h 30 et le mercredi de 10 h à 11 h 30	Le lundi soir, de 20 h 30 à 23 h 30	Le lundi et le mardi de 20 h à 22 h 30	Le mardi de 16 h à 18 h
Tarifs	400 euros	650 euros	450 euros	475 euros

1. Pour chaque offre, cochez, pour la rubrique concernée, si l'offre vous convient ou ne vous convient pas.

10 points (0,5 point x 20)

	Offre n° 1		Offre n° 2		Offre n° 3		Offre n° 4	
	Convient	Ne convient pas	Convient	Ne convient pas	Convient	Ne convient pas	Convient	Ne convient pas
Niveau								
Lieu								
Durée								
Fréquence								
Tarifs								

Finalement quelle offre de formation choisissez-vous ?

Offre n° ....

Répondez aux questions en cochant la bonne réponse ou en écrivant l'information demandée.

Les métiers de la cuisine

Cuisinier
De Londres à Tokyo, de New-York à Singapour, la cuisine française brille dans les meilleurs restaurants de la planète. L'art culinaire est sans conteste l'une des plus belles vitrines de la France. Artisans de cette image, les cuisiniers. Officiant discrètement dans les coulisses des restaurants, ce sont eux qui perpétuent cette grande tradition française. Maîtres reconnus ou anonymes talentueux, ils ont tous le même amour de leur métier. Pour arriver à une telle maîtrise, de nombreuses années auront été nécessaires : apprendre les bases, mais surtout s'appliquer au quotidien, conquérir lentement son autonomie. Le métier de cuisinier est exigeant, éprouvant mais aussi gratifiant. Il ouvre de nombreux débouchés pour qui sait concilier vocation, patience et créativité.

Ce qu'il faut savoir
L'activité s'effectue le plus souvent en équipe et est toujours créative. Sa finalité première est de faire partager un plaisir au travers de la satisfaction d'un besoin élémentaire. C'est un métier difficile et méticuleux. C'est pour ces raisons que le cuisinier doit avoir une bonne résistance physique, le sens de la propreté et une sensibilité développée.

Exigences professionnelles
Les rythmes de travail sont décalés par rapport aux habitudes de vie en général. L'activité est au plus fort quand les autres sont à table ou en congés. Mais, week-end en semaine et vacances en dehors de l'été ne manquent pas d'attraits.

Des qualités indispensables
– Le travail en équipe : plusieurs intervenants pour un même repas.
– L'hygiène : métier de bouche, il conditionne la santé.
– La sensibilité : une œuvre d'art tous les quarts d'heure.
– La résistance physique : levé tôt, toujours debout, à la chaleur, les périodes de « coups de feu » sont éprouvantes.

Quelles formations ?
– CAP Bac Pro Mention Complémentaire
– Certificat de Formation Professionnelle (CFP)
– Contrat d'apprentissage
– Contrat de qualification : Formation en alternance
– « École » hôtelière ou lycée professionnel : Formation scolaire
– Centre de formation professionnelle : Stage qualifiant

Quels emplois ?
– Commis de cuisine : Prépare des plats simples et participe à l'élaboration des recettes plus complexes.
– Chef de partie : Responsable de la préparation des plats relevant de sa partie. Organise et contrôle le travail des commis placés sous ses ordres, assure leur formation, ou leur perfectionnement.
– Chef de cuisine : Commande l'ensemble du personnel de cuisine. Contrôle la préparation et la finition des plats, leur qualité, leur présentation et leur départ vers la salle. Gère son service et décide, en collaboration avec la direction, des menus et de la carte, des prix de revient, de l'achat des marchandises...

www.desmetiersunavenir.com

1. Le document :   **1 POINT**

    ☐ donne un avis sur le métier de cuisinier.

    ☐ explique comment devenir cuisinier.

    ☐ informe sur le métier de cuisinier.

2. Vrai ou faux ?   **7,5 POINTS**

Cochez la bonne réponse et recopiez la phrase ou la partie du texte qui justifie votre réponse.

(1,5 point par information à traiter. Le candidat obtient la totalité des points si le choix Vrai/Faux et la justification sont corrects, sinon aucun point.)

1. Pour devenir un grand cuisinier, il faut être patient.   ☑ V ☐ F   **1,5 POINT**

Justification : ....

2. Le cuisinier travaille généralement seul.   ☑ V ☐ F   **1,5 POINT**

Justification : ....

3. Quand on est cuisinier, on peut prendre ses vacances en même temps que les autres.   ☑ V ☐ F   **1,5 POINT**

Justification : ....

4. Pour exercer le métier de cuisinier, il faut être créatif.   ☑ V ☐ F   **1,5 POINT**

Justification : ....

5. Pour devenir cuisinier, il faut nécessairement suivre une formation scolaire.   ☑ V ☐ F   **1,5 POINT**

Justification : ....

4. Partir en vacances en basse saison :   **1,5 POINT**

    ☐ peut être un avantage.

    ☐ est un désavantage.

    ☐ on ne sait pas.

5. Citez deux raisons pour lesquelles il faut avoir une bonne condition physique lorsque l'on exerce le métier de cuisinier.   **2 POINTS**

    a. ....

    b. ....

6. Expliquez ce que sont les périodes de « coups de feu ».   **3 POINTS**

....

....

PRODUCTION ÉCRITE

25 POINTS

/////////// **exercice 1**

Rendre compte de ses activités

25 POINTS

Vous avez été recruté récemment et votre responsable vous demande un rapport sur vos deux premières semaines de travail. Vous racontez votre expérience : vous faites part de votre installation, vous décrivez les avantages de votre poste, vous décrivez les premiers contacts avec vos collègues et donnez vos impressions (160 mots minimum).

Nombre de mots : ....

PRODUCTION ET INTERACTION ORALES

25 POINTS

L'épreuve se déroule en trois parties qui s'enchaînent. Elle dure entre 10 et 15 minutes.
Pour la troisième partie seulement, vous disposez de 10 minutes de préparation.

/////////// **exercice 1**

Entretien dirigé

2 à 3 minutes environ

Vous parlez de vous, de vos activités professionnelles, de votre lieu de travail, de vos différentes tâches, de vos conditions de travail, de votre formation, de vos expériences professionnelles précédentes et de vos projets professionnels.

exercice 2 (sans préparation)

Exercice en interaction   3 à 4 minutes environ

Vous tirez au sort deux documents et vous en choisissez un. Vous jouez le rôle qui vous est indiqué.

Sujet 1

Vous avez commandé des fruits de mer. La commande est arrivée en retard et il manque les huîtres que vous aviez pourtant commandées. Vous appelez le fournisseur pour trouver une solution.

L'examinateur joue le rôle du responsable du service des commandes.

Sujet 2

Vous êtes chef cuisinier et votre stagiaire arrive systématiquement en retard. Vous le convoquez, vous parlez avec lui de ce problème et vous trouvez une solution.

L'examinateur joue le rôle du stagiaire.

---

exercice 3 (avec préparation)   10 minutes de préparation

Expression d'un point de vue   5 à 7 minutes environ

Vous tirez au sort deux documents et vous en choisissez un.

Vous dégagez le thème soulevé par le document et vous présentez votre opinion sous la forme d'un exposé personnel de trois minutes. L'examinateur pourra vous poser quelques questions.

Sujet 1

NOUVEAUTÉ DANS LA RESTAURATION À BORD DES TRAINS

De nouveaux plats devraient arriver dans les TGV à l'été 2013.

Il faut l'admettre, la nourriture proposée à bord des trains a mauvaise presse[1]. La restauration à bord des TGV[2] pourrait cependant connaître de grands bouleversements : la SNCF[3] a lancé un appel à idées pour réinventer à la fois les sandwichs, quiches et salades mais aussi le wagon-bar et les services qui vont avec. Les meilleures idées devraient être dévoilées à la rentrée et nourrir un appel d'offres lancé en octobre pour une mise en service dans les TGV à l'été 2013.

                                              www.20minutes.fr, 05/07/2012

1 Mauvaise réputation.
2 Train Grande Vitesse.
3 Société Nationale des Chemins de fer Français.

Sujet 2

SHOWS ET COURS CULINAIRES À DOMICILE OU EN ENTREPRISE

Cuisinier depuis 25 ans, Patrick Coignard, originaire de Bagnoles-de-l'Orne, vient de créer C2lacuisine, une cuisine mobile prête à se mettre aux fourneaux, pour tous et partout. À la demande d'entreprises, de galeries marchandes, de musées ou de particuliers, il propose des démonstrations et des cours culinaires à la demande. Adepte des produits frais et bio, partenaires de producteurs locaux, il transmet sa passion aussi bien pour la cuisine de terroir que pour les associations de goûts et de textures plus modernes.

                                              www.ouest-france.fr, 17/07/2012

Corrigés
Examens et certifications

Compréhension de l'oral (i) piste 13

1. Transcription (i) piste 14

BIP - Bonjour. J'appelle à propos de notre livraison de demain. Je devais passer vers 9 h 30 pour vous livrer les fruits et légumes mais cela ne va pas être possible. Serait-il possible d'anticiper à 8 h 30 ? Pouvez-vous me rappeler au 06-48-93-75-29 pour me confirmer ? Merci.

Solutions :
Jour initialement prévu : mercredi
Heure initialement prévue : 9 h 30
Contenu de la livraison : fruits et légumes
Heure de livraison proposée : 8 h 30
Appeler au **06**-48-**93**-75-**29** pour confirmer

2. Transcription (i) piste 15

BIP - Bonjour, c'est Gérard Dupuis. J'ai oublié de vous dire que nous devons préparer le menu pour le service du déjeuner de la semaine prochaine. Alors n'oubliez pas de prévoir un menu végétarien. Et pensez aussi à un plat sans champignons, vu que nous avons deux personnes allergiques. Je pense arriver vers 11 h 30 car avant j'ai un rendez-vous. Je compte sur vous pour commencer à rédiger le menu. À tout à l'heure !

Solutions : Commencer à rédiger le menu – Prévoir un menu végétarien

3. Transcription (i) piste 16

Serveur : Dis, Julien, pour remplir le bon de commande avec ce logiciel, comment je fais ? C'est la première fois pour moi, tu peux m'expliquer s'il te plaît ?
Julien : Oui bien sûr. Tu vas voir, ce n'est pas très compliqué. Alors, tu commences par inscrire le numéro de référence de l'article, puis la quantité, c'est-à-dire le nombre exact ou le poids du produit, le prix s'affiche automatiquement. Tu indiques la date de livraison souhaitée, puis tu confirmes en cliquant sur « valider ». Mais avant de valider, n'oublie pas de contrôler ta commande. Tu recevras la confirmation de la commande et la facture par mél.

Solutions : 1. Inscrire le numéro de référence du produit - 2. Inscrire la quantité souhaitée du produit - 3. Indiquer la date de livraison souhaitée - 4. Contrôler la commande - 5. Cliquer sur « valider ».

4. Transcription (i) piste 17

Dialogue 1
Judith : Salut Marie !
Marie : Bonjour Judith !
Judith : J'ai entendu dire que tu as eu une promotion.
Marie : Oui, je suis devenue chef de rang, c'est formidable !
Judith : Félicitations, depuis le temps que tu attendais ça !

Dialogue 2
Simon : Arthur, la prochaine fois, cuis moins la viande !
Arthur : Comment ça ?
Simon : Un client vient de se plaindre que son steak était trop cuit !
Arthur : Écoute Simon, sois clair dans tes commandes et les clients seront toujours satisfaits !

Dialogue 3
Homme : Je suis content, aujourd'hui on a bien travaillé.
Femme : On a trop travaillé, tu veux dire !
Homme : Oui, mais au moins on a eu de bons pourboires !!!

Dialogue 4
Homme : C'est quand tes prochaines vacances ?
Femme : J'ai demandé une semaine de congés à la fin du mois.
Homme : Tu sais déjà ce que tu vas faire ?
Femme : Je vais partir skier à la montagne !
Homme : Quelle chance tu as !

Solutions :
Dialogue 1 : d
Dialogue 2 : c
Dialogue 3 : a
Dialogue 4 : b

Compréhension des écrits

1. 1a - 2c - 3e - 4d - 5b

2. le service - le prix des plats - la sonorisation des salles

3. utiliser des fruits - cuire une pomme

4.

1. aF - *Justification* : La gastronomie française fait désormais partie du patrimoine mondial ; bV - *Justification* : Manger n'est pas seulement un besoin vital.

2. La gastronomie est une pratique culturelle car elle obéit à des règles. La façon de cuisiner, d'assembler les aliments, de partager un repas est révélatrice de la culture de chacun.

3. important

4. Solutions possibles : Il met l'accent sur le fait d'être bien ensemble, le plaisir du goût, l'harmonie entre l'être humain et les productions de la nature.

5. moins de 200 pratiques culturelles

Production écrite

1. Libre

2. Libre

Production et interaction orales

1. Libre

2. Libre

3. Libre

ÉPREUVE DELF B1 Option professionnelle

Compréhension de l'oral ⏱ piste 18

1. Transcription ⏱ piste 19-20

Les contrats

Message 1

Bonjour à tous ! Je vous présente notre nouveau collègue, Patrick Soral. Il vient de passer 3 ans à Charleroi, en Belgique, dans un grand groupe d'hôtellerie, sous les ordres d'un chef de grande renommée. Il va désormais travailler dans notre restaurant en tant que chef de partie. Avant de le laisser se présenter lui-même, je tiens à lui souhaiter la bienvenue dans notre maison et au sein de toute l'équipe.

Message 2

Chers collègues, nous allons accueillir à partir de la semaine prochaine une stagiaire qui restera avec nous jusqu'au mois de mai ou peut-être juin. Cela dépendra de la convention que l'on signera avec son école. Elle s'appelle Julie et va à l'école hôtelière. L'un d'entre vous se chargera de lui faire visiter notre établissement et de lui expliquer notre fonctionnement. Dans un premier temps, elle s'occupera de la plonge puis on verra par la suite. Je vous prie donc tous de bien l'accueillir et de répondre à toutes ses questions si nécessaire.

Message 3

Chers collègues, Vous savez sans doute que Luc a pris un congé sabbatique. Il devrait s'absenter pendant un an. Nous avons donc recruté un nouveau cuisinier que je vous présente. Voici Giulio. Il a beaucoup travaillé dans la restauration rapide mais moins dans la restauration collective. Je compte sur vous tous et en particulier sur vous Romain pour l'aider à s'intégrer le mieux possible et lui montrer l'organisation de la maison afin qu'il prenne vite la main.

Solutions :
Message 1 : 1. Dans l'hôtellerie - 2. Chef de partie
Message 2 : 3. fin mai - 4. de la plonge
Message 3 : 5. d'aider le nouveau cuisinier - 6. dans la restauration rapide

2. Transcription ⏱ piste 21-22

Vos tâches quotidiennes

— Ça y est, vous avez rencontré à peu près toute l'équipe ? Ça se passe bien ?

— Oui, quasiment. Ça se passe très bien, merci. Je fais de mon mieux pour assimiler toutes les informations qui me sont transmises. Mais c'est pas évident. Ce matin, Xavier a commencé un peu à me montrer comment vous fonctionnez.

— Ça tombe bien, je voulais justement faire un peu le point avec vous. Vous allez vraiment commencer la semaine prochaine. Le chef de partie vous donnera ses indications, puis, jeudi, vous le remplacerez. Vous étiez déjà tournant chez votre ancien employeur ?

— Oui, cela m'arrivait de temps en temps, lorsque le chef était absent.

– Très bien. Donc, comme je vous l'avais dit lors de notre entretien, nous sommes ouverts 7 jours sur 7, vous remplacerez donc chaque jour un membre différent de la brigade, selon les congés hebdomadaires de chacun.

Uomo 2: Oui, très bien. Mais quel sera mon jour de congé hebdomadaire ?

– Alors euh, vous concorderez cela avec le chef.

– En ce qui concerne vos tâches, on vous a dit que vous devrez réaliser des préparations relevant de votre partie (légumes, poissons, viandes, sauces, etc.), n'est-ce pas ?

– Oui, oui, aucun souci, j'ai différentes expériences dans à peu près toutes les préparations, cela ne devrait pas me poser de problème.

– Parfait. Pour ce qui est de l'achat et du stockage des denrées, Matthieu vous aidera au début puis vous vous en occuperez seul.

– Ne vous inquiétez pas, j'ai l'habitude ! Xavier m'a aussi dit que j'aiderai le chef de cuisine pour l'élaboration de nouvelles recettes et dans la conception des menus.

– C'est exact...Bon, je dois vous laisser mais n'hésitez pas à me contacter s'il y a quoi que ce soit. D'accord ?

– D'accord ! Merci beaucoup! Au revoir Monsieur.

Solutions : 1. De l'entretien d'un employé et son chef - 2. La semaine prochaine - 3. Il est tournant - 4. Le restaurant ne ferme pas. Il est ouvert 7 jours sur 7 - 5. de la préparation de différents plats – de l'élaboration de nouvelles recettes.

3. Transcription ⓘ piste **23-24**

Un devis

Responsable : Nicolas, on a un devis à préparer, vous avez un moment ?

Nicolas : Oui, bien sûr.

Responsable : Vous pouvez vous en occuper tout de suite, c'est assez urgent !

Nicolas : Pas de problème.

Responsable : Très bien, alors on doit organiser une réception pour 80 personnes.

Nicolas : D'accord. À quelle date ?

Responsable : Le vendredi 15 juin.

Nicolas : À quel endroit ?

Responsable : Au château de Ravaillac, c'est pour un mariage. Il faut prévoir l'apéritif, le dîner complet, et bien sûr le gâteau.

Nicolas : Il faudra donc contacter le pâtissier.

Responsable : Oui, mais avant, prenez contact avec les clients, voici leurs coordonnées, pour connaître leurs requêtes particulières.

Nicolas : Aucun problème.

Responsable : J'ai besoin de ce devis avant demain 14 h.

Nicolas : Wouah ! Alors je me mets tout de suite au travail !

Solutions : 1. Préparer un devis - 2. Une réception pour 80 personnes - 3. L'apéritif, le dîner, le gâteau - 4. a. le pâtissier ; b. les clients - 5. doit s'adresser à un pâtissier - 6. Le lendemain avant 14 h

2.

1. informe sur le métier de cuisinier.

2. 1V - *Justification*:Il ouvre de nombreux débouchés pour qui sait concilier vocation, patience et créativité ; 2F - *Justification*:L'activité s'effectue le plus souvent en équipe ; 3F - *Justification*:Les rythmes de travail sont décalés par rapport aux habitudes de vie en général. L'activité est au plus fort quand les autres sont à table ou en congés/vacances en dehors

Compréhension des écrits

1.

	Offre n°1		Offre n°2		Offre n°3		Offre n°4	
	Convient	Ne convient pas	Convient	Ne convient pas	Convient	Ne convient pas	Convient	Ne convient pas
Niveau	×			×	×			×
Lieu		×		×	×		×	
Durée	×		×		×			×
Fréquence		×	×		×		×	
Tarifs	×			×	×		×	

de l'été ; 4V - *Justification* : Il ouvre de nombreux débouchés pour qui sait concilier vocation, patience et créativité / L'activité [...] est toujours créative / La sensibilité : une œuvre d'art tous les quarts d'heure ; 5F - *Justification* : Centre de formation professionnelle : Stage qualifiant

4. peut être un avantage.

5. Solutions possibles : a. levé tôt, on est toujours debout, à la chaleur ; b. les périodes de «coups de feu» sont très fatigantes.

6. Les périodes de «coups de feu» sont des périodes où le restaurant est très fréquenté, où les clients sont les plus nombreux et où il y a énormément de travail à fournir.

Production écrite

1. Libre

Production et interaction orales

1. Libre
2. Libre
3. Libre

N° de projet : 10313602

Imprimé en France en janvier 2026 par la Société SEVEN - 91942 COURTABŒUF

contact@cle-inter.com